より豊かな人生を楽しむために

これから はじめる 山歩き

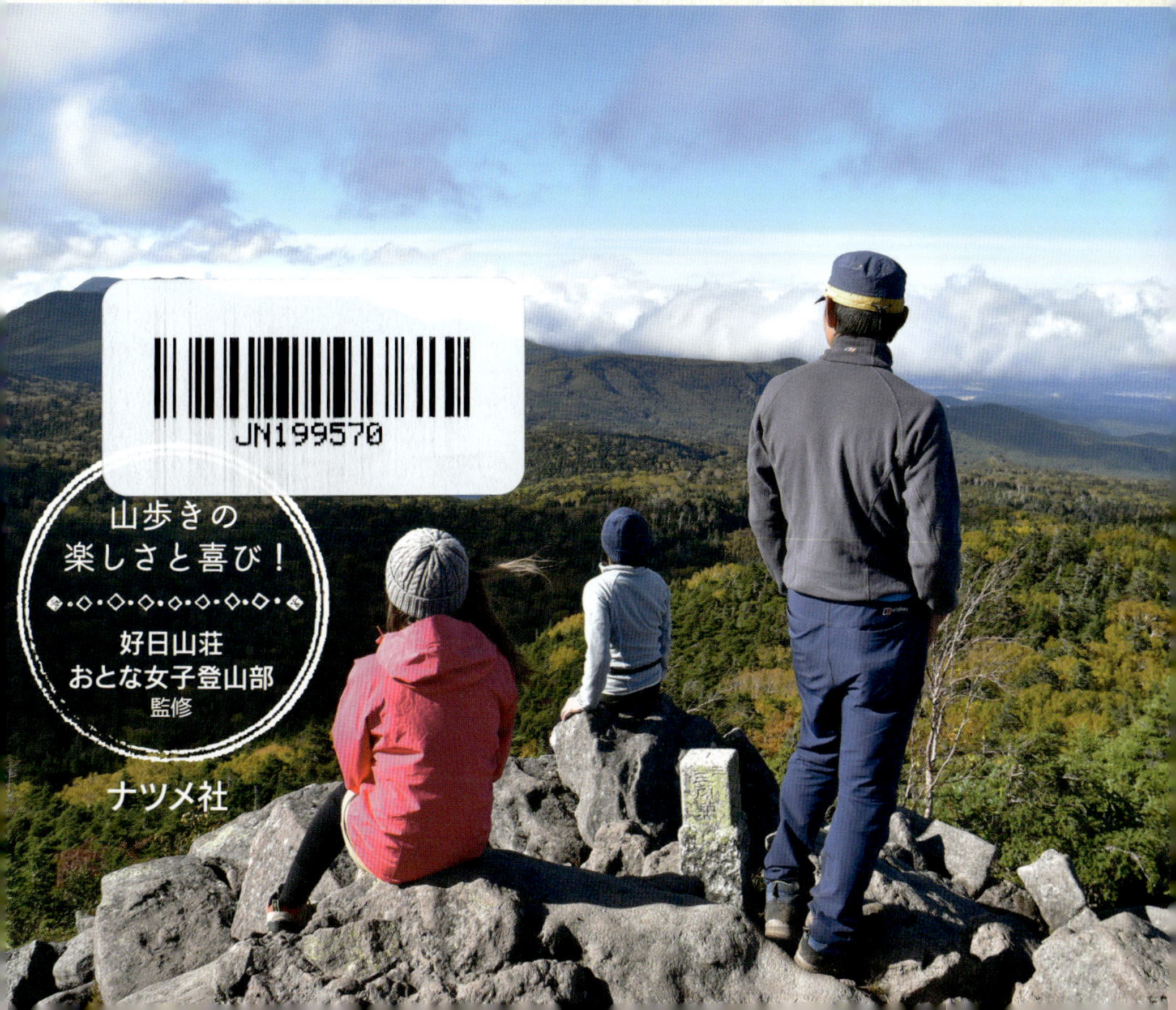

山歩きの楽しさと喜び！

好日山荘
おとな女子登山部
監修

ナツメ社

はじめての北アルプス登山

名山が並ぶ北アルプスは、登山者の憧れ。山歩きを始めたばかりの人におすすめなのが「アルプスの女王」と呼ばれる燕岳《つばくろだけ》。常念岳《じょうねんだけ》まで2泊3日の縦走にチャレンジしました。

一歩一歩、前へ
この景色のために

花崗岩でできた独特の山体をもつ燕岳。奥に見えるのは人気の山小屋、燕山荘《えんざんそう》

燕《つばくろ》岳《だけ》

Mt. Tsubakuro

2763m／長野県

幻想的な風景が広がる燕岳は
初心者でも登りやすい人気の山。
燕山荘《えんざんそう》に泊まるのもお楽しみ。

燕岳山頂で記念撮影。登頂できた達成感から満面の笑みに

厳しい環境に生育する強さから、「高山植物の女王」と呼ばれるコマクサ

緑と白、そして青のコントラストが印象的

燕岳からさらに足を延ばして北燕岳へ。頂上からは360度のパノラマが楽しめる

燕岳から燕山荘をパチリ。燕山荘から燕岳山頂までは40分ほど

「めがね岩」の前で、みんなでめがねポーズ

「イルカ岩」も人気の撮影スポット。口にタッチ！

収容人数650人と、規模の大きな燕山荘。テント場は30張まで可能

燕山荘の展望デッキからの風景。夕暮れどきの空と山々も美しい

雨上がりの晴天に
美しく映える常念岳へ

縦走2日目は、燕山荘《えんざんそう》を出発し、大天井を経て常念小屋へ。冷たい雨の中を、みんなで励まし合いながら歩いた

常念小屋の屋根が見えたときは思わず歓声が！

雨の中がんばった
ごほうびの一杯!

3日目朝。晴れるのを待って、いざ常念岳へ！前日とは打って変わっての晴天に、意気揚々と出発

常《じょう》念《ねん》岳《だけ》

Mt. Jonen

2857m／長野県

日本百名山のひとつ、常念岳。
ピラミッド型の山容が特徴で、
ライチョウもよく見られる。

山頂まであと少し！
がんばろう〜

上／急登のガレ場を慎重に進んでいく　左／山頂が近付くにつれワクワクが高まる。背後には槍ヶ岳が

「あ、ライチョウがいた！」

縦走のハイライト
常念岳《じょうねんだけ》登頂に感無量

はじめての縦走なのに
よくがんばりました!
常念岳山頂
2857m

快晴の常念岳山頂で記念撮影。バックの山々が美しい

常念岳

常念岳山頂へ！

眼下に広がる雲海を眺めていると、まるで雲の上にいる気分に。いつまでも見ていたい…

山頂の景色を満喫し、名残を惜しみながらも下山開始。下りは登りよりもさらに慎重に

常念小屋に戻ってお昼ごはん。重い荷物を置いていけたので、身軽で歩きやすかった

後方左側には奥穂高岳、右端には槍ヶ岳と、北アルプスの名峰が一望

山頂の岩場でバランスポーズを取ろうとはしゃぐ3人

はじめに

山が好き。山歩きが楽しい。
わたしたちが山に向かうのは、
そんな純粋な気持ちから。

まずは山を真剣に楽しむこと。
そして、次の山に挑戦する心を
常に忘れないこと。
それが「おとな女子登山部」のモットー。

山歩きの魅力や楽しさを
多くの人に伝えたい。
もっと山を好きになってほしい。
わたしたちの熱い想いから
この本は生まれました。

山歩きの基本はもちろん、
山がもっと楽しくなる情報を
たっぷり紹介しています。

山と出合うことで
人生がより豊かになると信じて。

さぁ、わたしたちと一緒に
山歩きに出かけませんか？

おとな女子登山部

好日山荘「おとな女子登山部」とは？

登山用品店「好日山荘」の山登りが大好きな女性スタッフによって結成された登山部。山歩きの魅力や楽しさをホームページやSNSで発信するとともに、全国各地で登山ツアーや登山教室を開催している。

CONTENTS

CHAPTER 3

山道具を準備しよう！

CHAPTER 4

山歩きに挑戦しよう！

「2万5千分1地形図 蓼科」(国土地理院)

CHAPTER 5

もっと山を楽しもう！

CHAPTER
1
山歩きを計画しよう!

山歩きのプランニング

How to plan mountain hiking

山に登ってみたい。山歩きを楽しみたい。
そう思ったら、まずは計画作り。
安全な山歩きのためには、プランニングが大切です。
山を歩く自分の姿を思い描きながら、
自分に合った無理のない
山歩きのプランを練りましょう。

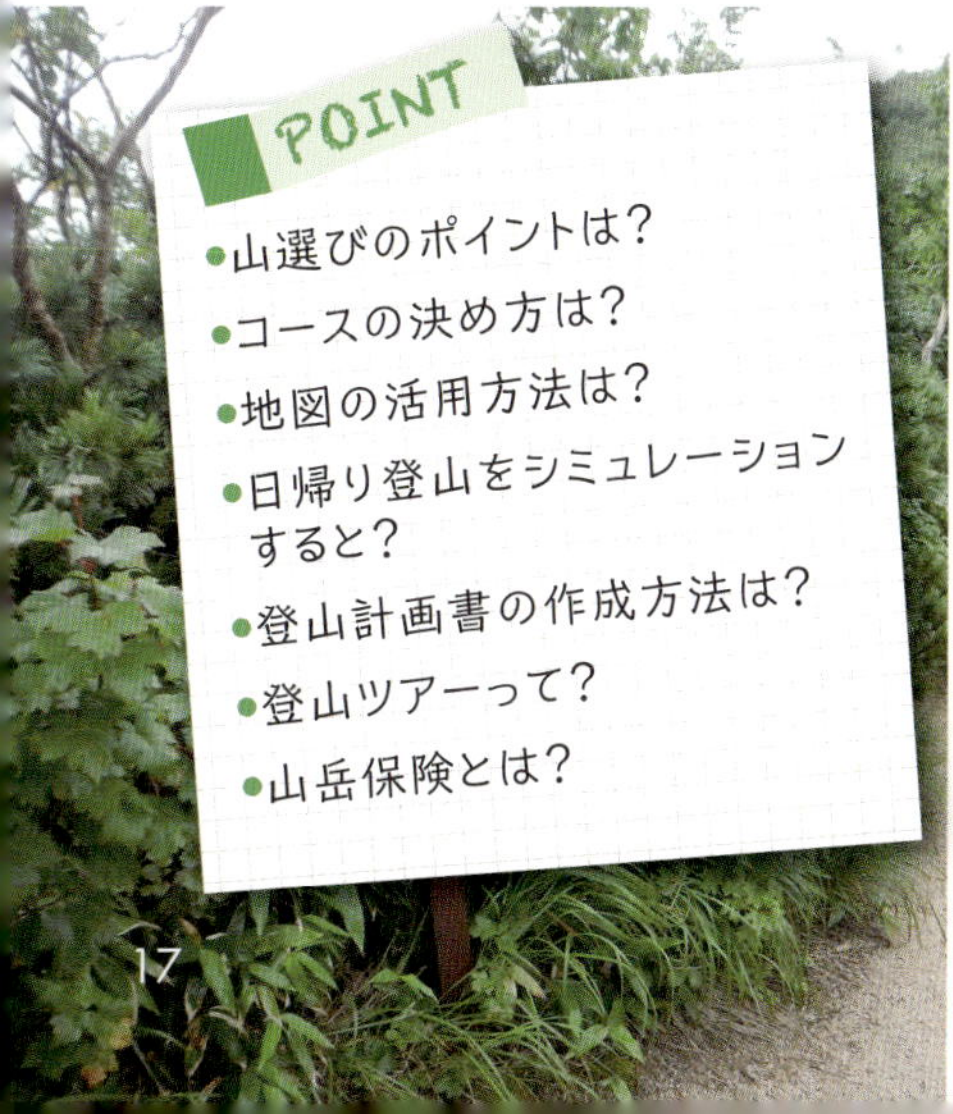

POINT

- 山選びのポイントは？
- コースの決め方は？
- 地図の活用方法は？
- 日帰り登山をシミュレーションすると？
- 登山計画書の作成方法は？
- 登山ツアーって？
- 山岳保険とは？

「2万5千分1地形図 蓼科」
（国土地理院）

はじめての山歩き。どの山に行く？

山選びのポイント

**山歩きの一合目は、どの山に何の目的で登るのかを決めること。
楽しい山歩きのためには、まず自分のレベルや体力を知り
無理のない身の丈に合った山を選ぶことが大切です。**

気になる山は？

日本にはたくさんの山があります。山歩きを始めてみたいけれど、どの山に登ればよいかわからないという人も少なくないでしょう。

「どの山に登ればいいか」という問いに対する答えは、登る人の体力や技術度、そして目的によって異なってきます。

周囲に登山のエキスパートや山登りに慣れた経験者がいれば、その人にアドバイスを求めるか、あるいは連れて行ってもらうのがよいでしょう。

それが難しい場合は、ガイドブックやインターネットなどの情報を参考にしながら、自分で山を選び、自分でプランニングして準備をする必要があります。

北アルプスの名峰、槍ヶ岳

山歩きの種類

ハイキング	レジャーや健康増進を目的に、軽装で対応できる歩きやすい整備された一定のコースや距離を歩くこと。高原・里山歩きなど。
トレッキング	必ずしも登頂を目的としない山歩き。登山道やトレイル（自然歩道）といったハイキングコースと比べると多少難易度が上がる道を歩くことも。山小屋やテントなどに宿泊しながら行う「ロングトレイル」もある。
登山	目的は登頂。日帰り登山や複数の山を踏破する縦走など、形態はさまざま。

まずは低山、日帰り

山選びに際し、「せっかく山へ出かけるのだから、とにかく標高が高い山を目指したい」と考える人もいると思いますが、山歩きの楽しみは多彩です。山の中を歩いて自然と触れ合う、山頂を踏む、山小屋に泊まりながら何日もかけて山を歩くなど、楽しみ方はさまざま。まずは情報を収集し、「自分は山で何をしたいのか」をはっきりさせましょう。

もっとも、初心者がいきなり北アルプスなどの高峰に挑むことは現実的ではありません。最初は、自宅から日帰りで行ける標高1000m前後の低山や、ケーブルカーのある山などを選びましょう。

高尾山は標高 599m と
初心者でも登りやすい

山頂を目指す場合の鉄則は、正午頃までに登頂し、まだ日の高い時間のうちに下山すること。これを実践できる近場の山から登り始め、目標の山に向けての体力・技術・経験を積みながら、少しずつステップアップしていきましょう。

山の難易度

山では、標高の高さがそのまま難易度の高さにつながるわけではありません。標高が高くても楽に登ることができる山がある一方で、低山でも体力を要する山があります。

見極めるポイントは、「標高差」です。標高差とは「登山口と山頂の高度差」のこと。登山口の標高が６００ｍで山頂の標高が１０００ｍの場合、標高差は４００ｍになります。初心者は、標高差が３００～５００ｍ程度の山を選びましょう。

とはいえ、標高差だけで難易度は推し量れないのも事実。標高差が小さくても、アップダウンが激しかったり岩場の通過が多かったりすると、体力を消耗します。

体力度による山の難しさ

標高差 標高差が800mを超えてくると、体力をかなり消耗する。初心者は、標高差300～500mを目安に山を選ぼう。標高差の大きい山には、標高差の小さい山に慣れてからチャレンジすること。

歩行時間 山歩きの指標となる時間は「歩行時間」「行動時間」の2つ。前者は実際の歩行時間、後者は休憩を含む下山までの総歩行時間だ。行動時間の目安は、初心者が2～6時間、中級者は6～8時間。

歩行距離 歩行距離が同じでも、斜度や鎖場・岩場の有無によって行動時間が変わるため、歩行距離だけで山の難易度は判断できない。傾斜がきつい場合は行動時間が長く、その逆は短くなる傾向がある。

技術度による山の難しさ

技術的難易度	登山道の状況	登山者に求められる技術・能力
易 A	・概ね整備済み ・転んだ場合でも転落・滑落の可能性は低い ・道迷いの心配は少ない	・登山の装備が必要
B	・沢、崖、場所により雪渓などを通過 ・急な登下降がある ・道がわかりにくいところがある ・転んだ場合の転落・滑落事故につながる場所がある	・登山経験が必要 ・地図読み能力があることが望ましい
C	・はしご・鎖場、また、場所により雪渓や渡渉箇所がある ・ミスをすると転落・滑落などの事故となる場所がある ・案内標識が不十分な箇所も含まれる	・地図読み能力、はしご・鎖場などを通過できる身体能力が必要
D	・厳しい岩稜や不安定なガレ場、はしご・鎖場、藪漕ぎを必要とする箇所、場所により雪渓や渡渉箇所がある ・手を使う急な登下降がある ・はしご・鎖場や案内標識などの人工的な補助は限定的で、転落・滑落の危険箇所が多い	・地図読み能力、岩場、雪渓を安定して通過できるバランス能力や技術が必要 ・ルートファインディングの技術が必要
難 E	・緊張を強いられる厳しい岩稜の登下降が続き、転落・滑落の危険箇所が連続する ・深い藪漕ぎを必要とする箇所が連続する場合がある	・地図読み能力、岩場、雪渓を安定して通過できるバランス能力や技術が必要 ・ルートファインディングの技術、高度な判断力が必要 ・登山者によってはロープを使わないと危険な場所もある

資料：長野県山岳総合センター「信州 山のグレーディング」

TRIVIA 【日本の山1】日本の山ベスト5は次の通り。富士山(3776m 静岡・山梨)、北岳(3193m 山梨)、奥穂高岳(3190m 長野・岐阜)、間ノ岳(3190m 静岡・山梨)、槍ヶ岳(3180m 長野・岐阜)。

いつ登る？　季節ごとに変わる山の表情

山の季節

**四季折々の景色を楽しめることが、日本の山歩きの醍醐味です。
もっとも、山歩きは天気の良し悪しに左右されるため、
季節ごとの自然の魅力と気候の特徴を知っておく必要があります。**

季節ごとに姿を変える日本の山々の魅力

ヒマラヤやヨーロッパアルプスなどの海外の山に比べ、日本の山はスケールこそ小さいものの、〝魅力〟という点ではまったくひけを取りません。

なぜなら、日本の山は樹木の種類が多く緑が豊かなうえ、四季があることによって、季節ごとにその姿をさまざまに変えてくれるからです。同じ山でも、新緑や紅葉、雪など季節の違いによって多彩な景色を楽しめることは、日本の山でしか味わえない〝ぜいたく〟といっても過言ではないでしょう。

逆に言えば、日本の山を歩く際には、季節の変化を考慮すると同時に、山特有の天気の変化にも注意を払わなければならないということです。

ベストシーズンは4～5月、9～10月

山登り＝夏、というイメージを抱いている人が多いかもしれませんが、標高1000m前後の低山登山、さらに初心者に限って言えば、山登りのベストシーズンは春と秋です。なかでも、4～5月、9～10月がおすすめです。

夏の低山は平地と気温が大差ないため、暑さに苦しむことになりますし、標高2500m以上の高山は登山道が険しいため、初心者には適していません。一方、晩秋から春先にかけては、降雪・積雪の可能性があるため、万全の計画と装備、そして何より雪上歩行技術が必要となります。しかし、太平洋側の低山であれば、「日だまりハイク」も楽しめます。

美しい紅葉に彩られた立山

山の気温は1000mごとに6℃下がる

山は平地に比べて気温が低く、標高が100m上がるたびに気温が約0.6℃ずつ低くなります。平地が20℃だった場合、1000mの山では14℃、3000mの山では2℃です。風が強いことも特徴で、風速1mで体感温度は約1℃下がります。平地が20℃のとき、3000mの山で5mの風が吹くと体感温度は－3℃。雨に濡れると低体温症や最悪の場合は凍傷を発症する危険があります。

Column

TRIVIA　【日本の山2】日本三山。日本三名山（富士山、立山、白山。日本三霊山も同じ）、越後三山（越後駒ケ岳、中ノ岳、八海山。魚沼三山とも）、白根三山（北岳、間ノ岳、農鳥岳。南アルプス）。

季節ごとの山歩き 特徴・魅力と注意点

春 3〜5月 積雪がない低山で 新緑と花を楽しもう

低山では、5月になると気温の上昇にともなって新緑が萌え、歩くと汗ばむこともあるが、概ね登山に適した季節となる。低山を中心にハイキングへ出かけ、経験を積もう。春の花との出合いも、この時期の魅力。

注意点 2000m以上の高山は、春を迎えても雪が残っているため初心者には不向き。**積雪がない低山を選ぼう**。この時期は高気圧と低気圧が交互に通過し、天気が3～4日周期で変化することも。高気圧に覆われると好天が続く。

夏 6〜8月 さわやかな気候のなか 山の素晴らしさを堪能

平地の猛暑とは対照的に、気温・湿度が低い高山はさわやかそのもの。日照時間が長いため、行動時間を多めに確保できること、高山植物の美しさを満喫できることも夏季の魅力。低山で経験を積んだら、高山にトライしよう。

注意点 標高1000m前後の低山では、山頂でも気温が平地と大差ないので、熱中症に注意しよう。標高2500m以上の高山は涼しいものの、**雨風が強いと低体温症を発症するリスクがある**ので注意。紫外線対策も忘れずに。

秋 9〜11月 山が最も美しい季節 10月になると天気が安定

9月下旬までは台風の接近や秋雨前線がもたらす長雨などで思わしくない天気が続くが、10月に入ると一気に安定。高山や高緯度地方では紅葉が始まり、暑さも一段落して涼しくなるなど、絶好の登山日和が続く。

注意点 10月中旬を過ぎると**日照時間がぐっと短くなる**。街灯がない山中では、15時過ぎぐらいから徐々に暗くなり始め、16時を過ぎると真っ暗に。ほかの季節以上に**綿密な計画と、ヘッドランプの用意**が欠かせない。

冬 12〜2月 澄んだ空気と落葉で 見事な眺望が楽しめる

東北以南の冬晴れが多い太平洋側気候の低山では晴天が続き、湿度の低さによる澄んだ空気と落葉が相まって、ほかの季節では見ることが難しい見事な眺望を楽しむことができる。

注意点 **日照時間が非常に短い**ためプランニング時は要注意。日本海側では低山でも雪対策が必要。雪山登山は専門の装備と技術が必要になるので、経験者の同行が不可欠だ。寒暖差が激しいため、**レイヤリング**（→P.41）で調整を。

TRIVIA 【山の温泉1】標高が高い温泉宿1位は、みくりが池温泉(富山県 2410m)。2位は、同じく立山の地獄谷温泉(富山県 雷鳥荘2400m、雷鳥沢ヒュッテ2350m、ロッジ立山連峰2330m)。

往復か周回・横断か。どのコースで登る？

コースプランを考える

同じ山でも、さまざまな登山コースがある場合も。
山歩きの目的や自分の体力、技量などを踏まえ、
自分に合った登山コースを選択しましょう。

初心者は安全性を最優先に

登る山が決まったら、次に歩くコースを設定しましょう。山頂に至るコースが1つしか存在しない山もありますが、たいていの山は、複数の登山コースを備えています。

コースが複数ある場合、特にはじめての山歩きでは、できるだけ「安全性」が高いコースを選んでください。人気ルートは道も整備されていて、人目も多く安心です。また、登山の基本は「午前中、遅くても正午頃には登頂。日が高いうちに下山」ですから、この鉄則に沿ったコースを選びましょう。

特に初心者は、登山口から山頂までの標高差が３００～５００ｍ、２～６時間程度の所要時間で歩き通せるコースを選択しましょう。

登山コースには、大きく分けて「往復」「周回・横断」「縦走」の３つの種類があります。「往復コース」は、その名の通り登りと下りに同じルートを使用するもので、登りで一度たどったコースを使って下山するため、安心感が得られます。安全を最優先に考えたい人におすすめのコースです。

「周回・横断コース」「縦走コース」は、登りと下りが別のコースになるため、景色の変化を楽しむことができます。

標高差と行動時間の目安

標高差	コースタイム	歩行距離	対象
300m	2～4時間	5～6km	初心者
500m	4～6時間	6～8km	初心者
800m	6～8時間	8～10km	中級者
1000m超	8時間以上	12km以上	上級者

コース選びのポイント

1 より安全なコースを選ぶ

体力、技量に自信がない人は、難所が多いルートや、コースタイムが長いルートは避けること。ロープウエイで下山するルートも選択肢のひとつ。

2 午前中に登頂できるコースを選ぶ

山の中は山や木々が太陽を遮り暗くなるのが早いため、できるだけ午前中に登頂し、正午過ぎに下山を開始できるコースプランを立てよう。

TRIVIA 【山の温泉2】標高が高い露天温泉の1位は、本沢温泉（長野県 2150m）、2位は高天原温泉（富山県 2100m）、3位は白馬鑓温泉（長野県 2050m）。露天ではないが夏沢鉱泉（長野県 2060m）も人気。

一般的な登山コースの種類

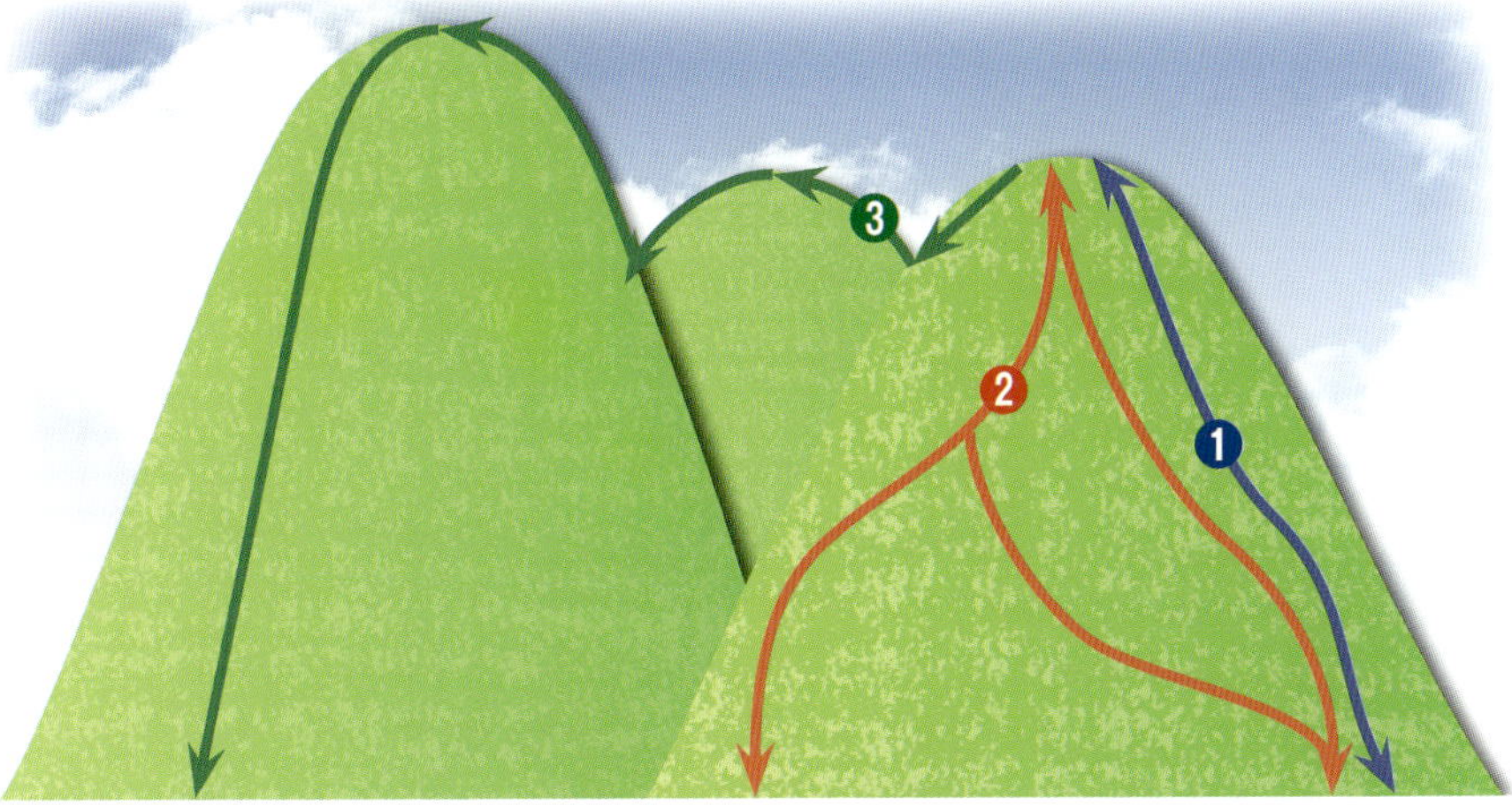

③縦走コース

複数のピークを踏破する

尾根づたいに２つ以上の山の頂をめぐるコース。本来は山小屋泊やテント泊を前提とするルートだが、低山に限れば、日帰りでも複数のピークを踏破することができる。往復コースや周回・横断コースに比べ、歩き通すのに時間がかかるため、計画を立てる際は慎重に。

②周回・横断コース

景色の変化が楽しめる

周回コースは、スタート地点とゴール地点は同一だが、登りと下りに別のルートを使用する。横断コースは、スタート地点とは異なる場所に下山するので、公共交通機関の利用が便利。どちらも景色の変化があるため、山歩きをより深く楽しみたい人におすすめ。

①往復コース

登り、下りが同じルート

起終点が同一のコース。登りと同じルートを使って下山するため、道迷いのリスクが少なく安心。途中でトラブルに見舞われてもすぐに引き返せることも大きなメリットだ。マイカーを利用して登山口へ向かった場合、必然的に往復または周回ルートを選択することになる。

北アルプスの縦走は登山者のあこがれ

登山道の標識でコースを確認しよう

TRIVIA 【日本の山3】日本三大急登。北アルプス烏帽子岳（2628m）を高瀬ダムから目指すブナ立尾根、南アルプスの甲斐駒ヶ岳（2967m）を竹宇駒ヶ岳神社から目指す黒戸尾根、谷川岳（1977m）を目指す西黒尾根。

登山地図を読めるようになると安心！

地図を用意する

地図は、登山の安全をサポートしてくれる強力なアイテムのひとつ。プランの作成、現在位置の把握やルートの再確認で重宝するので必ず入手して読み方をマスターしておきましょう。

情報は登山地図、地形は地形図で確認

地図を使用する目的は、大きく分けて3つあります。1つめは歩くコースを検討するため。2つめは、予定していたルートを正しく歩けているか、そして次に歩くルートを確認するため。3つめは、道に迷ったときに位置を割り出すためです。

登山で使う地図にはさまざまな種類がありますが、一般ルート（整備された登山道）を歩くだけなら、昭文社が発行している登山地図『山と高原地図（縮尺5万分の1）』で十分。登山道や山小屋の位置、危険箇所、コースタイムなど必要最低限の情報が網羅されているうえ、目的の山域周辺を俯瞰できるため、とても便利です。

山の地形を詳細に知りたいという人は、国土地理院が発行している『2万5千分1地形図』を購入するとよいでしょう。

地形図には、等高線が10m間隔で引かれています。等高線の間隔が狭いところは傾斜が急、広いところは傾斜が緩やかなことを示しており、また、尾根と谷の読み取りも容易なため、地形の詳細を把握できます。一方、コースタイムなどは記載されていないため、『山と高原地図』との併用がベストです。

地図の種類

① 地形図

日本全土を網羅した国土地理院発行の地図で、国土の地形や植生、道路などの構造物を記載した基本となる地図。地形形状を把握するために重要。登山用地図ではないため、すべての登山道が記載されているわけではない。電子国土WEBより印刷可能。

② 山と高原地図

昭文社発行の、最もポピュラーな登山地図。縮尺は地図によりさまざまであるが、地形図より広域で表示されているものが多いので、地形を詳細に確認するのには向いていない。登山に役立つ情報を記載しているため、使い勝手がよい。

③ GPS 地図

GPS 機器や携帯電話、腕時計に付いている GPS 機能と、ダウンロードした地図アプリを組み合わせて、登山中に現在位置を把握したり歩いたルートが記録されたりする。電池切れに注意しながら使おう。紙の地図との併用がおすすめ。

TRIVIA 【山の行動食】コンビニで買える人気の行動食は、1位ソフトクッキー、2位柿ピー、3位ドライフルーツ、4位ミニドーナツ、5位ぬれせんべい、同位コッペパン、7位おにぎり。（2017年ヤマケイオンライン調べ）

登山地図の見方を学ぼう

「山と高原地図 槍ヶ岳・穂高岳 上高地 2017」（昭文社発行）

❶登山道 赤の実線が一般ルート（整備された登山道）。破線は難路や歩きづらい道で、上級者向けルート。初心者は実線の登山道を選ぼう。

❷標高 山名のそばに記載されている数字は、その山のピーク（頂上）の標高。

❸コースタイム 特定の区間の標準的な踏破時間（休憩は含まず）を示したもの。►が進行方向を示している。登りと下りで時間が異なるので、読み間違えないよう注意。

❹等高線 等高線の間隔が狭いところは傾斜が急で、登り時には体力を、下り時には注意を要することが読み取れる。

❺コース情報・注意事項 眺望のよい場所などコースに関する情報や、登山道の注意事項が記載されている。特に注意が必要な箇所は枠囲みで表示。

❻要注意地点 ルートが不明瞭で道に迷いやすい場所は「?」で、岩場やガケなど通過に注意が必要な危険箇所は「!」で表示。

❼水場 飲み水を補給できるところ（沢や湧水）。渇水していることもあるので、鵜呑みは禁物。

❽山小屋、キャンプ場 通年営業の山小屋のマークは屋根が白く、期間限定営業（冬季閉鎖など）の山小屋は屋根が黒い。テントマークはキャンプ場。ほかに避難小屋（無人）を示すマークもある。

コンパスの使い方

コンパスと地図は迷わないために使う道具です。一定時間ごと、または地形変化が顕著な場所、分岐点やランドマーク（特徴ある事物）が出てきたタイミングで、地図を整置します。つまり、水平に持っている地図に書き記されている磁北線とコンパスの磁針が一致するように、地図を水平に回転させます。そのとき、歩いてきた登山道とまわりの景色や地形形状が一致していることを確認しましょう。そして正しい進行方向と道の選択を落ち着いて行います。コンパスは積極的に練習して使用方法をしっかりと理解しましょう。

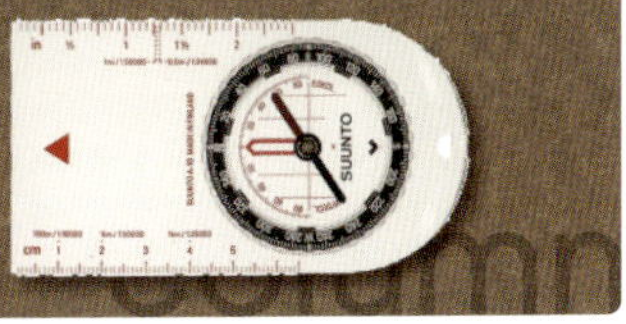

登山口までどうやって行く？
アクセスを考える

山歩きは、自宅を出発するところから始まります。
どのような交通手段で登山口へ向かうのか、
それぞれのメリット・デメリットを踏まえて決定しましょう。

まずは近場の山から

はじめての山歩きでは、なるべく近場の山を、できれば片道2時間まででアクセスできる山を選ぶのがおすすめです。自宅から日帰りできる山を探してみましょう。

山へのアクセス方法は、おもに2つ。ひとつは鉄道やバスなどの公共交通機関を利用する方法、もうひとつはマイカーやレンタカーを利用する方法です。

登山口までのアクセス方法や帰宅方法をあらかじめ十分に調べたうえで、じっくり検討し、適切なアクセス手段を選びましょう。

> 登山口までタクシー利用が必要な場合も

縦走に適しているのは公共交通機関

鉄道やバスなどの公共交通機関を利用する場合は、前泊を前提としないかぎり、始発電車に乗ることが目的地に最も早く到着できる方法になります。片道2時間程度でアクセスできる山なら、余裕をもって下山しなくても、始発電車を利用しなくても、公共交通機関を利用する最大のメリットは、山歩きの起終点を別にできること。スタート地点に戻る必要がないため、縦走登山に適しています。移動にともなう負担を軽減できるという

一目でわかる交通手段別の メリット・デメリット

- 車
- 公共交通機関

- これが大きい！ 登山口と下山先を別にできる
- 同じ場所に下山する必要がある
- 登山口
- 登山口
- IC
- P
- 最寄りの駅やバス停から、登山口までの距離が長い
- 登山口のそばまでアクセスできる
- これが大きい！
- ○○バス停
- ○○駅

TRIVIA　【世界の山1】エベレスト（8848m）の名前は、インド測量局の長官ジョージ・エベレストに由来。チョモランマはチベット語、サガルマータはネパール語。1953年エドモンド・ヒラリーとテンジン・ノルゲイが初登頂。

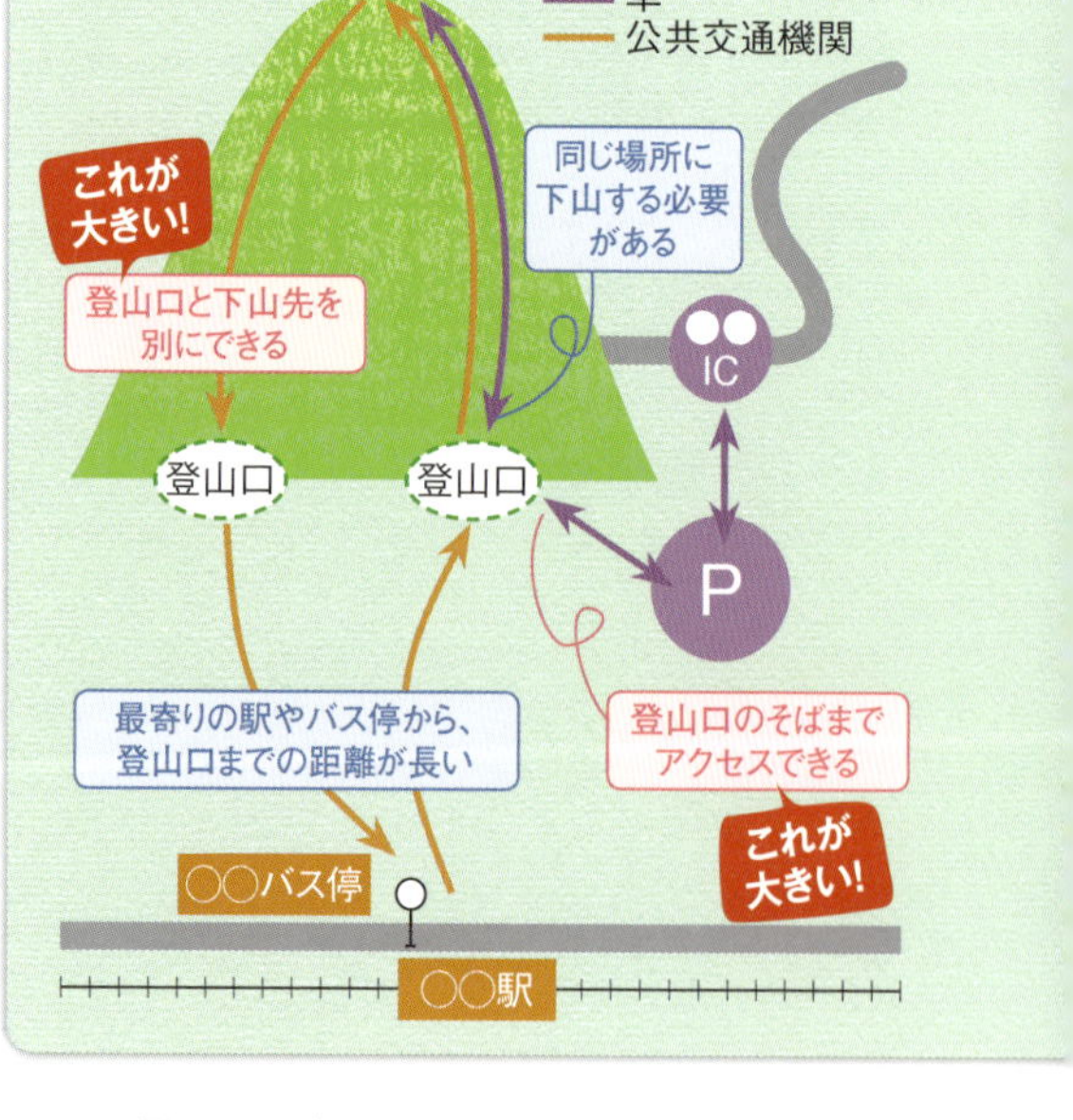

登山口までのアクセス比較

車

公共交通機関（鉄道、バス）

©Suchart Boonyavech / Shutterstock.com

メリット

車

- 深夜に自宅を出発できるなど、**計画の自由度が増す**。
- 下山後の着替えなど、登山中に使用しない**荷物を置いていく**ことができる。
- 最寄りの駅やバス停に戻る必要がないため、列車やバスの到着を待つ必要がなく、**下山後すぐ帰途につける**。
- 山歩きを終えた後、温泉に立ち寄ったり観光地を訪ねたりできるなど、**行動の選択肢が増える**。

公共交通機関（鉄道、バス）

- 日本の公共交通機関は運行時刻が極めて正確なため、**スケジュールが立てやすい**。
- 移動中に身を委ねることができるため、**身体的・精神的負担が軽減**される。
- 往路・復路の合間に**仮眠を取る**ことで、体力の消耗を防いだり、疲労の回復を促したりすることができる。下山後の復路では疲労により眠気が強くなるため、このメリットは無視できない。

デメリット

車

- 紅葉などの行楽シーズンや大型連休中は、往路・復路ともに**大渋滞に巻き込まれる可能性**が高く、登山口到着が大幅に遅れたり帰宅時間が遅くなったりすることが考えられる。
- 予定していた駐車場が満車の場合、別の**駐車スペースを探す必要**が生じる。
- 疲労度にもよるが、下山後は睡魔に襲われやすく、**事故を起こすリスク**が高い。

公共交通機関（鉄道、バス）

- 起終点が異なる縦走登山の場合、下山後の着替えも含めて**すべての荷物を携行**する必要がある。
- 下山が遅れて最終バスに**乗り遅れる**、列車事故などによる**遅延が発生する可能性**がある。
- 下山時間は読みにくいため、最寄りの駅やバス停に到着したときに、すぐに列車やバスがやって来るとはかぎらない。便数が少ない場合は1時間以上**待つときもある**。
- 行楽シーズンや大型連休中は混雑することが多く、**座れない**ケースも。

メリットも。また、運行ダイヤが極めて正確で、プランニングが容易なこともポイントのひとつです。

車なら登山口のそばまで直接アクセスできる

車を利用する場合、よほど奥深い山でないかぎり、**登山口のそばまで直接アクセスできる**のがうれしいところ。あらかじめ、登山口付近の**駐車場の位置や駐車可能台数を確認**しておきましょう。また、出発時間の制約がないこと、着替えなどの荷物を車内に置いていくことができるといったメリットもあります。

一方で、行楽シーズンは渋滞によって目的地到着が大幅に遅れたり、帰宅時間が遅くなったりすることが想定されます。それを踏まえたうえで、余裕をもった計画を立てましょう。

TRIVIA 【世界の山2】ヨーロッパ最高峰はロシアのコーカサス山脈にあるエルブルース山（5642m）。フランスとイタリアの国境にあるモンブラン（4810m）は、ヨーロッパアルプスの最高峰。

当日の行動予定を詳しく考えておこう！

日帰り登山をシミュレーション

はじめての山歩きに不安はつきものですが
あらかじめ当日の行動をシミュレーションしておけば
万が一トラブルに見舞われたときも安心です。

ゆとりのある行動計画を立てよう

登る山や歩くコース、登山口へのアクセス方法を決めたら、ざっくりとした計画をまとめて、当日の行動をシミュレーションしておきましょう。登山日が近付いてからあわてずに済みますし、不測の事態にも対処しやすくなります。

なるべく早い時間帯から登り始めて昼頃に登頂、遅くても15時までには下山するというのが登山の基本。それに準じたプランを立てることが大切です。公共交通機関を利用して現地へ向かう場合には、時刻表を確認して、何時に出発してどの便を利用するか、詳細な計画を立てておきましょう。

登山地図などには「コースタイム」（区間所要時間）が記されていますが、それを鵜呑みにせず、余裕をもった行動を心がけましょう。コースタイムの1.5倍を目安に、おおよその計画を立ててください。

また、下山後に温泉に立ち寄る、美味しいごはんを食べてから帰るなど、山歩き以外の遊びを加えることもおすすめ。山歩きがさらに楽しくなりますし、ゆとりのあるプランを立てることで、気持ちに余裕が生まれて安全な登山につながります。

コースタイムは
登山地図で確認

当日までに済ませておくこと

❶目的とメンバーを決める

ハイキングなのか縦走なのか、登頂は目指さず気軽に山歩きを楽しむのか、単独か仲間とのグループ山行か、などを決める

❷地図を購入し、コースを決める

訪れる山域の登山地図を購入してコースをチェック。体力に自信がない場合は、軽めのコースを選択する

一緒に登るメンバーで
コースの相談を

❸登山開始時刻と下山時刻を決める

ガイドブックやインターネットのコースタイムを参考に、おおよその登山開始時間と下山時間を決める

❹日程と交通手段を決め、装備を用意

連休は避ける、平日に休みを取って出かけるなど、日程を決めて、それに準じた交通手段を検討。目的に応じた装備を用意する

❺登山計画書を作成する（→ P.30）

関係機関に提出する登山計画書を作成する

TRIVIA 【日本の山4】中国地方の最高峰は、鳥取県は大山《だいせん》1729m。岡山県は後山《うしろやま》1344m、島根県と広島県は恐羅漢《おそらかん》山《さん》1346m。山口県は寂地山《じゃくちさん》1337m。

当日の行動計画　▶例）奥多摩・川苔山《かわのりやま》の場合

5:00	**起床** 朝ごはんは必ず食べる。 ごはんやパン、サンドイッチなど炭水化物を多めに摂取
6:20	**都営新宿線・神保町駅発** 新宿駅でJR中央線に乗り換える
7:47	**JR 立川駅着** 8:10発のJR青梅線・奥多摩行に乗り換える
8:45	**JR 青梅線・鳩ノ巣駅で待ち合わせ** 歩いて登山口へ。準備運動、ストレッチを入念に行う
9:00	**登山スタート** いきなり飛ばさない。最初はスローペースで
9:20	**軽い休憩** 温度調整を行う。暑さを感じたら上着を脱ぐ
10:00	**大根《おおね》ノ《の》山《やま》ノ《の》神《かみ》到着、休憩** 水分・栄養補給を忘れずに。用意してきた行動食を食べる
11:00	**休憩を入れる** 喉が渇いていなくても、水分を補給する
12:00	**川苔山山頂着** 昼食に持参した弁当や行動食を食べる
12:30	**下山開始** 余裕をもって下山を始める
13:30	**百尋《ひゃくひろ》ノ滝到着** 落差40mの滝のそばで記念撮影
14:50	**川乗橋バス停着** 15:02発の西東京バス奥多摩駅行に乗車
15:20	**JR 奥多摩駅着** 徒歩で駅近くの日帰り温泉施設へ
16:00	**「もえぎの湯」で入浴** 入浴後、帰路に

無理を
しすぎないように

行動食には
パンやおにぎりなどの
炭水化物を

入浴後の着替えも
忘れずに

TRIVIA 【日本の山5】北海道の最高峰は、大雪山《たいせつざん》2291m。大雪山を含め、道内に百名山は9座。利尻山、羅臼岳、斜里岳、雌阿寒岳《めあかんだけ》、トムラウシ山、十勝岳、幌尻岳、後方羊蹄山《しりべしやま》。

スムーズな山歩きのため計画書を！

登山計画書を作成・提出する

はじめての山歩きをスムーズに進めるため、そして
万一のトラブル時に自分の足取りを第三者に知らせるために
登山計画書を作成して関係機関に提出しましょう。

見やすくわかりやすい登山計画書を作ろう

山歩きの概要が決まったら、当日の行動を具体的に記した「登山計画書」を作成しましょう。目的は、大きく分けて3つあります。

1つめは、無計画登山を防止するため。2つめは、登山概要をメンバー間で共有するため。3つめは、所轄の警察署など関係機関に提出するためです。

登山計画書は登山口の
登山ポストで提出できる
登山ポスト
Trailhead Box

登山にリスクはつきものです。万一遭難した場合、警察や救助隊は登山計画書に記された情報をもとに捜索活動を展開します。計画書が提出されていない場合、広い山の中のどこを捜索すべきか判断できず、救助までに時間がかかってしまいます。大けがを負ったり気温が急激に低下したりすると、命取りになるケースも十分に想定されますので、必ず作成して提出しましょう。

登山計画書に決まった形式はありませんが、少なくとも「いつ、だれと、どの山に、どのコースで」登るのかを第三者が把握できるよう、見やすくわかりやすいものにまとめることを心がけてください。

なお、関係機関に提出した登山計画書は、トラブルが発生したときのみ使用されますから、下山後にわざわざ無事を報告する必要はありません。

登山計画書の目的は？

1 無謀な登山を防止するため
作成の過程で、計画の妥当性を確認・検証することができる。

2 メンバー間で情報を共有するため
参加者が同じ認識を持つことで、登山時の行動がスムーズになる。

3 救助活動を円滑に実施するため
トラブル発生時にピンポイントで捜索できるため、素早い救助につながる。

登山計画書の提出方法は？

1 WEB 登山計画書「コンパス」
警察や自治体が連携したインターネットの登山届。
www.mt-compass.com

2 登山ポスト
登山口にポストが設置されている場合は投函すればOK。

3 FAX
登る山のエリアを管轄する警察署の地域課宛に送信。登山者数が多いエリアでは、専用の窓口も設置されている。

4 メール
メールでの提出を受け付けている警察署もある。

TRIVIA 【日本の山6】東京の高尾山（599m）は、野鳥、昆虫、動物が数多く生息し、年間250万人以上が訪ねる山（高尾登山電鉄のHPより）。関東富士見100景にも選定され、東海自然歩道（総延長1697.2km）の起点でもある。

登山計画書（登山届） 記入例

登山計画書（登山届）

提出日:2018年●月●日

団体名	株式会社ナツメ社	緊急連絡先	
所　属	山岳連盟(協会)	氏　　名	夏目 太郎
代表者氏名	夏目 花子	住　　所	東京都千代田区神田神保町1-52
代表者住所	東京都千代田区神田神保町1-52	電　　話	03-XXXX-XXXX
代表者電話	090-XXXX-XXXX	救助体制	ある(　　　名) (なし)
捜索費用にあてる保険加入の有無	(あり) なし	保険会社名	(　　　　　)

目的の山域・山名	燕岳、常念岳、蝶ヶ岳			
登山期間	3泊4日		最終下山日	8月27日(予備日含む)

任務	氏　名 生年月日	性別	年齢	住　所 電　話	緊急連絡先・氏名 住所または電話
代表	夏目 花子	女	30	東京都千代田区神田神保町1-52	夏目 太郎
	19XX.X.XX			090-XXXX-XXXX	03-XXXX-XXXX
	○○ ○○	女			○○
	19XX.X.XX			090-XXXX-XXXX	03-XXXX-XXXX
	○○ ○○	男	XX	神奈川県○○市○○町○	○○ ○○
	19XX.X.XX			090-XXXX-XXXX	080-XXXX-XXXX

性別・年齢は、捜索時の重要な手がかりとなる

日　程		行　動　予　定
(1)	8/24	JR穂高駅からタクシーで燕岳登山口へ。6:00発～燕山荘12:00着(燕山荘泊)
(2)	8/25	燕山荘7:00発～燕岳～大天井岳～常念小屋15:00着(常念小屋泊)
(3)	8/26	常念小屋8:00発～常念岳～蝶ヶ岳ヒュッテ15:00着(蝶ヶ岳ヒュッテ泊)
(4)	8/27	蝶ヶ岳ヒュッテ7:00発～徳沢～上高地バスターミナル13:00着
荒天・非常時対策 エスケイプルート		エスケイプルート:来た道を引き返します。 ※8/26に常念岳から三股に下山する可能性もあります。

縦走など、複数日にわたる場合に記入

装　備
レインウェア、ザックカバー、ヘッドランプ、手袋、防寒着(フリースなど)、ロールペーパー、応急セット、スパッツ、地図、コンパス、行動食(4日分)、飲料水、燃料(2日分)、ツェルト(2人用1張)、ロープ(30m)など

(その他連絡事項)
車両No.0000000000

交通手段が車の場合に記入

裏にコース概念図を描くことも

※公益社団法人日本山岳・スポーツクライミング協会の登山計画書様式例を参考に作成

TRIVIA 【日本の山7】日本最北端の山は、北海道の礼文岳《れぶんだけ》(北緯45度22分・標高490m)。350mで森林限界となり、レブンソウ、レブンアツモリソウ、レブンキンバイソウなど多数の高山植物を楽しむことができる。

低山ハイキングから縦走まで

登山ツアーの選び方

**「山に登りたいけれど、ひとりでは不安」という人は
登山ツアーに参加してみましょう。初心者向けツアーから
海外登山まで、各社から多彩なツアーが販売されています。**

自分のニーズに合わせて選ぼう

山に関する情報を集めたり、山へのアクセス方法や歩くコースを調べたりと、山歩きの準備には時間と労力がかかります。こうした手間を省き、とにかく一度山に登ってみたい、という人におすすめしたいのが、旅行会社などが主催している登山ツアー。「ひとりでも気軽に参加することができる」「山に関する知識が得られる」などのメリットがあります。

現在では、各社がさまざまなプランを提供しており、初心者が参加しやすい低山ハイキングツアーから、知識や技術の習得を重視した講習会、女性限定ツアー、熟練者も満足させるアルプス縦走ツアーまで、参加者の希望やニーズに応じて選べるようになっています。

ツアーには豊富な登山経験と知識を持つ日本山岳ガイド協会認定ガイド（以下山岳ガイド）が同行しますが、ガイドに任せっきりにするのは禁物。山に登るのはあくまでも自分だという自覚を持ち、少なくとも登る山の基本的な知識は頭に入れておきましょう。

登山ツアーはこんな人に向いている

1 周囲に経験者がいない

初心者は経験者に同行してもらうのが理想だが、周囲に適任者がいない場合、山岳ガイドが同行して指導してくれる登山ツアーなら安心。

2 どの山に登ればよいかわからない

多くの山の中から、初心者が自分に適した山を選ぶのは簡単ではない。登山ツアーは登る山が決まっているので、悩む必要がない。

3 どんな装備をそろえるかわからない

登る山や目的によって変わってくるが、登山ツアーではその山に必要な装備が提示されるので、参考にできる。

ツアー参加時の注意点

1 他力本願は禁物

山に登るのはあくまでも自分。運動して一定の体力をつけておくことはもちろん、何もかも山岳ガイドに丸投げするのではなく、ガイドブックなどでルートを確認したり装備を点検したりするなど、自分でできることは自力で行う。

2 無理をしない

体調が悪い場合は潔くキャンセルすること。「キャンセル料がもったいないから」と無理をすると事故のリスクが高まり、ほかの参加者に迷惑をかけてしまう。

TRIVIA 【日本の山8】『日本百名山』は、1964年発行の深田久弥の随筆。登頂した1500m以上の山の中から、品格、歴史、個性を基準に選定。実際は1500mに満たない山も含む。1994年NHKの番組で登山ブームが起こる。

ビギナーにおすすめ！ 目的別登山ツアー

ハイキングツアー

六甲山ハイキング

気軽に参加できるのが魅力

山歩きを始めたいけれど周囲に経験者がいない、一緒に行ってくれる人はいるけど体力に自信がないので不安…。そんな人におすすめなのが、低山中心のハイキングツアーやウォーキングツアー。整備された平坦なルートが中心のツアーなので危険や負担が少なく、だれでも気軽に参加できる点が魅力。なかには、山歩きの基本中の基本からていねいに教えてくれるツアーもある。

女性限定ツアー

女性限定ツアー

女性ひとりの参加でも安心

「ツアーにはだれが参加するかわからないから心配」「男性ばかりだとペースについていけないかも…」。そんな人には「女性限定ツアー」がおすすめ。女性限定ツアーは好日山荘やアウトドアメーカーなどが主催している（→P.36）。女性限定ツアーなら、交流を通じて情報交換ができたり、山歩き仲間が作りやすかったりする。

登山学校／山歩き講習会

山の歩き方講習

ステップアップしたい人に

標高1000m前後の低山ハイキングの経験を積んでいくと、「もっとスキルアップしたい」「岩場にも挑戦してみたい」「冬山にも登ってみたい」という気持ちが芽生えてくる。ステップアップしたい人は、好日山荘やアウトドアメーカーなどが主催する講習会ツアーに参加しよう。地図の読み方や安全講習、岩登り、山の天気入門、冬山など、学びたいテーマに合わせて参加することで、登山の幅が広がる。

縦走登山ツアー／アルプストレッキング

©zawafoto / Shutterstock.com

日本百名山の立山

憧れの山を目指すなら

「日本百名山を制覇したい」「憧れの日本アルプスを歩いてみたい」「海外登山にチャレンジしたい」。そう考える人を対象にしたグレードの高い登山ツアーもたくさんある。「初心者の自分にはハードルが高い」と思うかもしれないが、ひとくちに百名山やアルプスといっても、初心者でも十分に登れる難易度の低い山もあるので、興味がある人はチェックしてみよう。

TRIVIA 【日本の山9】喜作新道は、北アルプスの大天井岳から西岳を通り槍ヶ岳に向かう登山道。1918年に小林喜作が開拓。登山家の松方三郎は、喜作が銀座あたりを気楽に歩く姿を見て「アルプス銀座」と名付けた。

備えあれば憂いなし！

山岳保険に加入する

綿密な計画を立てて万全の準備を整えても
トラブルが起こる確率をゼロにすることはできません。
万一に備えて、山岳保険に加入しておきましょう。

民間による救助活動は多額の費用がかかる

山歩きにリスクはつきものです。万が一、山で遭難した場合は、警察に連絡して救助を要請することになります。

救助にあたるのは、地元の警察官や消防官などで組織された公的機関の山岳救助隊。しかし、人手不足などにより出動が困難な場合、地元の消防団や山岳会有志らで組織された民間の救助隊によって、救助活動が展開されます。救助要請者、つまり遭難者が公的機関か民間かを選ぶことはできません。

民間の場合、救助隊員に支払う日当や必要手当などの費用は、遭難者やその家族らが支払わなければなりません。公的機関の場合でも、救助費用がすべて税金で賄われるわけではなく、当事者に請求されるケースもあります。

日当の相場は3万～5万円。山での救助活動には多くの人手が必要になり、仮に10人が捜索活動に従事した場合、1日で数十万円、さらに救助活動が長引くと軽く100万円をオーバーしてしまいます。また、ヘリコプターによる救助でも、通常は天候リスク等を踏まえ、ヘリコプターと並行して地上からも救助に向かうのが一般的。ヘリコプターで救助されたとしても、地上活動分が請求されます。

山岳保険への加入は登山者のマナー

そんなときに頼れる存在が、万一のときの救助費用を補償する山岳保険。加入していれば、遭難者やその家族らの経済的負担が大幅に軽減されます。

山岳保険には大きく2つのタイプがあり、ひとつは、アウトドア活動全般を対象とし、さらに救助費用も補償する総合型保険。もうひとつは、救助費補償に特化した特化型保険です。

民間の保険会社や山岳団体によってさまざまなプランが用意されています。登山者のマナーとして、山へ出かける前に山岳保険に加入しておきましょう。

山岳遭難者を救出する消防防災ヘリコプター

山岳保険のおもな種類

	救助費特化型保険 救助費の補償に 特化した保険	**総合型保険** 救助費を補償対象に含む レジャー保険
メリット	●登山の形態や専門用具の使用の有無を問わず、山の中での活動を幅広くカバー。雪山、山スキー、沢登り、山菜取りなどでの遭難にも適用される ●遭難原因の第一位「道迷い」や、「病気」による遭難も補償される	●掛け捨て型で保険料が安く、日帰り登山やハイキングに適している ●山歩き以外のアウトドア活動にも適用されるケースが多い ●救助費以外も補償される
デメリット	●持病や既往症がある場合は、保険金が減額される可能性がある ●国内の山歩きのみ適用で、海外の山歩きはカバーしていない	●雪山登山や岩壁の登はん、沢登りなど、ピッケルやアイゼン、ザイル、ハンマーなどの登山用具を使用する危険度の高い登山には適用されない ●「病気」を原因とする遭難の場合は、補償されない
保険期間と保険料	1年間：3000 ～ 5000円程度	1日～数日：300 ～ 3000円程度 1年間：3000 ～数万円程度
救援者費用補償額	100万～ 500万円	100万～ 500万円
例	●**日本山岳・スポーツクライミング協会** →年会費1000円＋保険料年2400円～ ●**日本山岳救助機構会員制度** →入会金2000円＋会費年2000円＋事後負担金 ●**日本費用補償少額短期保険** →保険料年4000円 ●**東京海上日動** →国内旅行傷害保険2日間1000円など	●**エイチ・エス損保** →330 ～ 990円 ●**ソフトバンクかんたん保険** →1日300円／月額520円 ●**木村総合保険事務所** →1年間3000円 ●**au国内旅行保険** →～ 1泊2日262円 ●**ドコモ スポーツ・レジャー保険** →～ 1泊2日590円

※保険によって補償内容が異なるのでよく確認すること

TRIVIA 【日本の山10】北アルプスの表銀座とは、中房温泉から、合戦尾根～燕山荘（燕岳）～大天井岳～喜作新道～槍ヶ岳へ至る人気コース。「アルプスの女王」と呼ばれる燕岳には、高山植物の女王・コマクサが咲く。

おとな女子登山部

登山ツアーに参加しよう！

山の楽しさを分かち合う活動を行う好日山荘「おとな女子登山部」。
年間を通してハイキング・登山ツアーを開催しています。
その一部を紹介します！

好日山荘 おとな女子登山部と行く！

ダイナミックなプリンスルートで登る

日本最高峰へ挑もう！ 富士山

「一生に一度は富士山に登りたい」「男性のペースについていく自信がない」。そんな女性のために、女性限定の富士登山ツアーを企画。有名な吉田口登山道ではなく、登山者が少なめで宝永火口など大きな富士山を体感できるコース「プリンスルート」で登ります。2017年は最高の天気に恵まれ、参加した20名全員が登頂しました。

ツアー２日目、全員そろって登頂！

富士宮口五合目から登山スタート！

美しいご来光を見ることができた

元気いっぱいの荻野部長

年納めハイキング

関東の年納めハイキング in 高尾山

関西の年納めハイキングは六甲山へ

お昼はジンギスカン♪

おとな女子登山部では、毎年末に部員になじみ深い山（関西：六甲山、関東：高尾山）で、年納めハイキングを実施しています。慣れ親しんだ山に女子だけでのんびり登り、ハイキング後はみんなで美味しい食事まで楽しめる、年納めにぴったりのツアー。各地域のおとな女子登山部メンバーが勢ぞろいし、毎年にぎわいます。

CHAPTER
2

山ウェアをそろえよう!

登山用品店で山ウェアを選ぶ

How to prepare hiking clothes

山歩きの計画を立てたら、次はウェア選び。
登山用品店に行って、山ウェアを探しましょう。
アウターレイヤー、ボトムス、各種小物など。
お店の人にアドバイスを受けながら、
試着してサイズを確認し、
自分に合ったウェアを選ぶことが大切です。

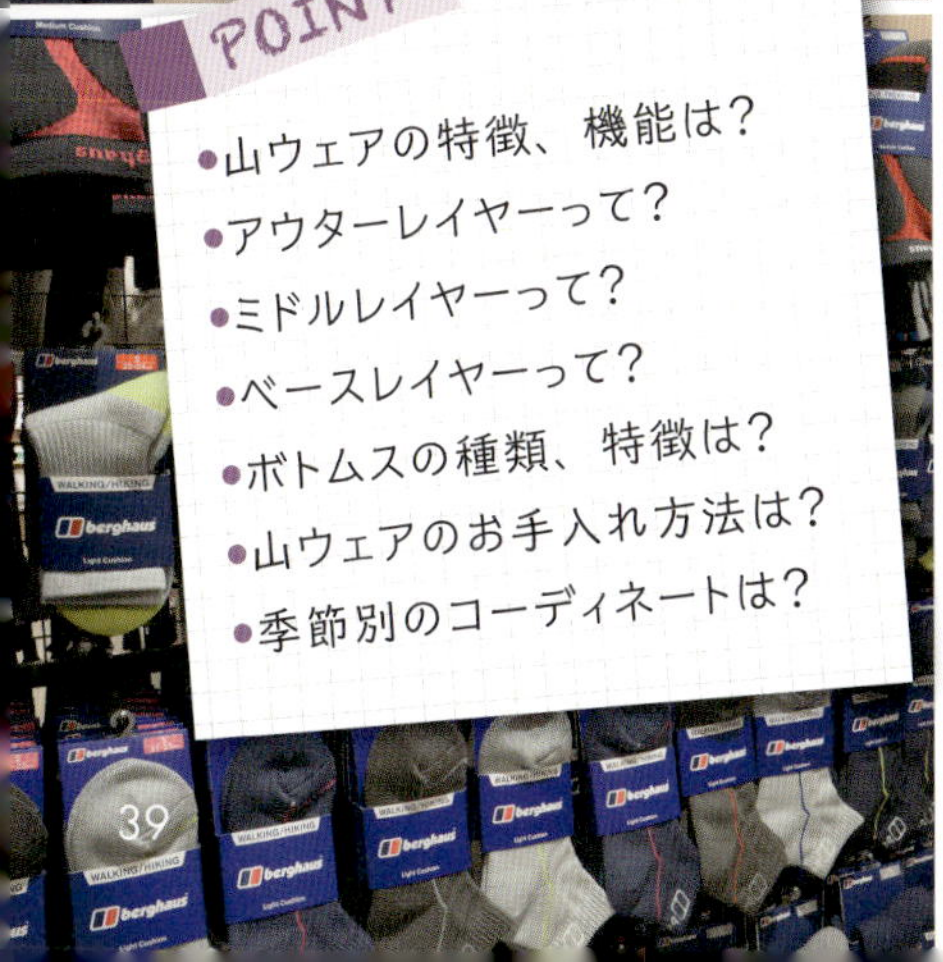

POINT

- 山ウェアの特徴、機能は？
- アウターレイヤーって？
- ミドルレイヤーって？
- ベースレイヤーって？
- ボトムスの種類、特徴は？
- 山ウェアのお手入れ方法は？
- 季節別のコーディネートは？

重ね着で天気や体温の変化に対応

山ウェアの基本

山ウェアは「レイヤリング」と言われる重ね着が基本です。山は天気が変わりやすく、真夏でも山頂では気温が低いので、防水・防風・防寒を考慮してウェアを準備しましょう。

山ウェアの特徴

山の特徴は、朝晩の天気の変わりやすさ、高度変化にともなう気温変化、稜線での急な突風など。当日に起こりうるあらゆる気象条件を想定して、ウェアを選ぶ必要があります。

山ウェアを選ぶときに重要なのが素材です。乾きづらい綿素材は避け、速乾性が高いウールや化繊のものを選びましょう。汗や雨などの水分がウェアに残ったままだと、体が冷えやすくなり、エネルギーを消耗するからです。ときに低体温症を引き起こすことも…。吸水性、速乾性の高い機能性素材のウェアもあるので、店頭でチェックしてみましょう。

必要な山ウェアは、登る山の高さや季節などによって変わります。たとえば低山ハイキングでは、行動中の暑さが体力を奪うことが予想されるので、日よけとして長袖シャツが重宝するでしょう。一方、３０００m級の高山での縦走では、気温低下に備えてしっかりとした防寒着が必要になります。

軽量化を図りつつ、山歩きのシチュエーションに応じてウェアを準備しましょう。

動きやすいかどうか、必ず試着して確認

山ウェアに必要な機能

- **吸汗**：汗などの水分を吸収
- **拡散**：水分を拡散して乾きやすい
- **速乾**：吸汗、拡散により速く乾く
- **防水、撥水《はっすい》、防風**：荒天対策
- **防寒、保温**：寒さ対策
- **防臭、抗菌**：清潔さ

TRIVIA 【山の便利グッズ】ブユに刺されないように、長袖着衣、帽子、手ぬぐいで肌の露出を少なくするよう日本山岳・スポーツクライミング協会は勧めている。虫よけスプレー、虫刺され軟膏など自分に合う虫対策グッズを用意しよう。

レイヤリングで体温の調節を

歩いているときは体温が上がり汗をかきますが、休憩時に止まっていると汗が冷えてきます。また、稜線に出ると風が強く吹き付けて体温が奪われます。山では、コンディションや体温の変化に合わせて、こまめにウェアを脱ぎ着して調節するのが基本です。

山ウェアは、アウターレイヤー、ミドルレイヤー、ベースレイヤーの大きく3つに分けられ、それぞれ特徴や機能、役割が異なります。1枚で万能な山ウェアはないので、各レイヤーの組み合わせと着脱によって体温調節をします。これを「登山のレイヤリング」と言います。適切なレイヤリングが、快適な山歩きと疲労軽減のカギです。

山ウェア 3つのレイヤー

アウターレイヤー

最も外側に着るタイプのウェア。雨天・荒天対策のレインウェア、風よけのウェアなど、天候や気温、用途に応じて使い分ける。(→ P.44)

ミドルレイヤー

アウターとベースの間に着るウェア。体感温度によって、シャツとフリースなど複数枚組み合わせることもある。日焼けや虫よけの役割も。(→ P.48)

ベースレイヤー

アンダーウェアやTシャツなど、直接肌に触れる一番下のウェア。行動中は汗をかきやすいので、吸汗性・速乾性がある素材が基本となる。(→ P.52)

TRIVIA 【山の歌1】山歌の名曲『いつかある日』は、デュプラ(登山家・仏)の詩を、『日本百名山』の作者である深田久弥が訳詞。作曲は大阪外国語大学山岳部OBの西前四郎。西前は山岳小説『冬のデナリ』(福音館文庫)も執筆。

山歩きのレイヤリングテクニック

山歩きでは、標高や天気、そのときの行動などによって体感温度が変わります。気持ちのよい状態を保つために、ウェアをこまめに着脱することで体温調節をしましょう。

①

歩き始め

歩きだすとすぐに体が温まるので、最初は少し肌寒いくらいのウェアでOK。歩いているうちにちょうどよくなる。

②

休憩時

休憩中は汗が冷えないように、フリースなどを1枚羽織る。風が強い場合はウインドシェルを。動くと暑くなるので脱いでから出発しよう。

③

樹林帯

体が十分に温まったままであれば薄着で。日が差し込まず寒さを感じたら、薄手の防寒着を1枚羽織るとよい。

TRIVIA 【山の歌2】『雪山讃歌』の作詞は西堀榮三郎(1903-1989年、登山家、日本山岳協会会長)。群馬県吾妻郡嬬恋村の鹿沢温泉で1927年に作詞。鹿沢温泉には歌碑があり、嬬恋村防災無線定時チャイムにも使われている。

④

稜線

風が強く吹き付ける稜線では、防風性のあるウインドシェルやレインジャケットを着用する。早めの対応が肝心。

⑤

降雨時

素早くレインウェアを着用しよう。暑くなるので、ミドルレイヤーを1枚脱いでからレインジャケットを羽織るのがポイント。

太もも上までジッパーで開くレインパンツだと着脱しやすい!

⑥

下山時

登りよりも体温が上がらないので、ウインドシェルなどを1枚羽織って暖かい格好で。暑くなったら脱ごう。

TRIVIA 【山の本1】『星と嵐』(ガストン・レビュファ、1992年集英社)はレビュファ(1921-1985年)が1954年に発表したアルプス北壁の登攀紀。星空の美しさ、岩登りの喜びなど、詩情豊かな文章。山岳文学大賞を受賞。

雨や風から体を守ってくれる

アウターレイヤーの選び方

山では、体を冷やしたり濡らしたりすることは禁物。
雨風から身を守るアウターレイヤーを必ず持参します。
まず 1 枚そろえるなら、レインウェアを選びましょう。

アウターレイヤーの種類と特徴

登山ウェアのうち、一番外側に着るのがアウターレイヤー。雨や雪、風を防ぐ役割があります。天気や状況によっては使わずに済むこともありますが、降雨のことも考えて必ず持っていきましょう。

　アウターレイヤーには、大きく分けて3種類あります。レインウェアと、冬山や高山などの厳しい環境で必要とするハードシェルを含めたアウターシェル、ミドルレイヤーの代わりとしても使えるソフトシェル、防風専用のウインドシェル。たとえば、夏の低山で風が強いときにはウインドシェルで体の表面を保護するなど、登山条件に応じて選択・併用します。

　防水・防風以外にアウターレイヤーで必要なのは、透湿性の機能。山歩き中は汗をかくことがありますが、体が蒸れてしまわないように適度に湿気を外に逃がすことを指します。

　防水と透湿性を同時にカバーしている代表的な素材が「ゴアテックス（GORE-TEX®）」。ウェアに付けられているタグで見分けることができます。なお、ビニール素材は透湿性がないので、山歩きには向きません。

登山用品専門店にはカラフルなアウターが並ぶ

1枚目のアウターにはレインウェアを

荷物の軽量化を考えると、夏山ではレインウェアをアウターレイヤーとし、フリースなどのミドルレイヤーで保温する組み合わせがおすすめ。防水・透湿性素材で機能性が高いレインウェアなら、雨・風・寒さに幅広く対応できて便利です。最初にそろえるなら、レインウェアの上下セットを選びましょう。ミドルレイヤーの上から重ねることも想定して、動きやすいように多少ゆとりのあるサイズを選ぶのがポイントです。

　頭や首元から雨が入ってくることもあるので、レインウェアの試着時にはフードも試してみましょう。小物用のポケットといった、細かい使いやすさも要チェックです。

TRIVIA 【山の本2】『北壁の死闘』（ボブ・ラングレー、1987年東京創元社）。第二次世界大戦時、原子爆弾の奇策のため選ばれた精鋭クライマー。アイガー北壁が死闘の場となる山岳冒険小説。日本冒険小説協会大賞を受賞。

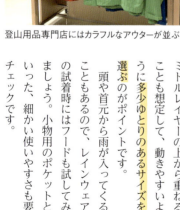

アウターレイヤーの種類

防水、防風、保温、動きやすさなど、
重視している機能別に３つのタイプがあります。

アウターシェル

レインウェアと、防水性、防風性、保温性に優れ、レインウェアより一段強固なハードシェルが含まれる。ハードシェルは、冬山や高山、荒天時などに役立つ。

ソフトシェル

防風性、撥水《はっすい》性、透湿性、ストレッチ性が高く、動きやすいウェア。大雨に対応できるほどの防水性はない。ミドルレイヤーとしても使える。

ウインドシェル

おもに風を防ぐための軽量のウェア。防水性はないが多少の撥水加工があり、小雨なら対応できる。コンパクトにたためるので、夏の低山などで重宝する。

TRIVIA 【山の本３】『ミッドナイトイーグル』（高嶋哲夫、2000年文藝春秋）。爆撃機が北アルプス槍ヶ岳の天狗原に墜落。冬の猛吹雪の中、日・米・北朝鮮の搭載物を巡る攻防戦が始まる。2007年に大沢たかお主演で映画化。

いろいろな アウターレイヤー

レインウェア

抜群の透湿性・ストレッチ性、
軽量でやわらかい肌触りの
レインウェア（MILLET）

ストレッチ性が高く動きやすい、
防水透湿マルチアウター
シェルジャケット
（finetrack）

ソフトシェル

本格的な
ソフトシェルジャケットだが、
女性らしさも兼ね備えた
デザインが特徴
（Marmot）

耐水性と防風性に優れながら
動きやすく、しなやかな肌触りの
特殊素材（finetrack）

ウインドシェル

汗ばんだ肌が生地に
まとわりつくことを軽減する
グリッド構造になっている
(THE NORTH FACE)

耐久撥水《はっすい》加工を施し、通気性・
ストレッチ性に優れた
重量200gの軽量ジャケット
(MAMMUT)

薄手ながら丈夫な表地は、
速乾性が高く強度に優れた
ナイロン素材を使用
(Columbia)

ハードシェル

耐久性の高い素材を表生地に使用した、
残雪期にも活用できるオールシーズン対応モデル
(THE NORTH FACE)

 ※(　　　)内はブランド名

保温・防寒に活躍する中間着

ミドルレイヤーの選び方

山歩き中の温度調節で、重要な役割を果たすのがミドルレイヤー。通気性の高い山シャツから保温性の高いフリースまで、複数持っておくと便利。登る山をイメージして準備しましょう。

ミドルレイヤーとは

歩いている最中は暑くなるのでシャツ1枚、休憩中に汗が冷えてくると寒くなるので上着を1枚羽織る、というように、山での行動中は、レイヤリングによってこまめに温度調節をします（→P．42）。そのときに活躍するのが、アウターレイヤーとベースレイヤーの中間に着るミドルレイヤーです。

おもなミドルレイヤーは、山シャツ、フリース、インサレーションウェアの3種類。長袖・襟付きの山シャツは、藪や笹などから肌を守ったり、日焼けを防いだりするのにも役立ちます。フリースやインサレーションウェアは防寒に優れ、軽いのが特徴。また、アウターレイヤーのソフトシェル（→P．45）もミドルレイヤーとして使えます。

標高の高い山小屋では防寒着で暖かく

ミドルレイヤーの役割

ミドルレイヤーの役割は、状況に合わせた保温。繊維の間に空気を保持し、断熱材とすることで保温力を高めます。ほどよい温度が保てる通気性のよいものがミドルレイヤーに最適です。

山シャツや登山用のフリースは、運動に適し、耐久性のあるつくりとなっています。しかし、場合によっては通常のシャツ・フリースでも構いません。ただし綿素材は乾きづらいので避け、化繊やウールを選びましょう。

また、冬山など寒さが予想されるときは、ダウン素材のジャケットを用意すること。軽くて防寒に長けています。

暑さ・寒さは体力消耗のもと。登る山や季節・天気に応じて、必要なウェアを持参しましょう。

TRIVIA 【山の本4】『白き嶺の男』（谷甲州、1995年集英社）。新田次郎文学賞受賞作。伝説の登山家、加藤文太郎をモデルにした山岳小説の傑作短編集。7000m級のヒマラヤ登山経験を持つ著者の山岳描写は秀逸。

ミドルレイヤーの種類

使い勝手がよい行動着、防寒着、保温着としての3種類のミドルレイヤーを紹介します。

山シャツ

化繊やウール素材で襟付きのもの。袖ボタンタイプだと袖をまくって温度調節がしやすい。種類が多いので、好みのデザインを選ぼう。

フリース

軽くて動きやすいので、防寒・保温に1枚あると重宝する。登山用のものは、高機能素材を使っていることが多い。

インサレーションウェア

中綿の入った薄手の防寒着で、保温性が高い。中綿は化学繊維かダウン素材。ダウンのほうが軽量でコンパクト。濡れても乾きやすいのは化学繊維。

TRIVIA 【山の本5】『神々の山嶺』(夢枕獏、1997年集英社)。柴田錬三郎賞受賞作。エベレスト世界初登頂のカギを握るジョージ・マロリーのカメラと冬季単独登頂を目指すクライマーを追う写真家が主人公。漫画化、映画化も。

いろいろな ミドルレイヤー

山シャツ

紫外線カット、吸湿速乾性をあわせた
機能性の高いチェックシャツ
(Columbia)

防臭・紫外線カット効果のある、
シンプルでスタイリッシュな
山シャツ(berghaus)

フリース

軽量で優れた伸縮性を持つ
マイクロフリース。
アンチピリング素材で
滑らかさが持続(berghaus)

ハイロフトで保温性が高く、
両脇などに施したグリッド構造の
素材で通気性がよく快適
(patagonia)

インサレーションウェア

750Fill Powerのグースダウンを封入し、高い耐久撥水性を持つ軽量な素材を採用(MAMMUT)

撥水《はっすい》加工のダウンを使用し、熱効率と快適さを追求したボディマッピング構造(berghaus)

化繊中綿

シート状立体保温素材を採用し、処理能力、ムレにくさ、ストレッチ性を追求したモデル(finetrack)

ハイブリッド

独自素材「ハイドロロフト」とフリースのハイブリッドジャケット。行動着にも適している(berghaus)

※(　　　)内はブランド名

体を冷やさず快適に保つウェア

ベースレイヤーの選び方

山歩き中のエネルギー維持には、体を冷やさないことが大事。快適に歩き続けるためには、汗をしっかり吸いながらも、素早く乾く素材のベースレイヤーを選びましょう。

ベースレイヤーの役割

ベースレイヤーは肌に直接触れるウェアで、暑いときにはベースレイヤー1枚で行動することもあります。

大事なのは、汗をしっかり吸いながらも乾きやすい素材であること。気温が低いときでも、行動中にはたいてい汗をかきます。服が汗で濡れた状態のまま休憩などで行動を止めたり風が吹き付けると、一気に体を冷やしてしまい、体内のエネルギーが余分に消費されてしまいます。最悪の場合、低体温症を引き起こすリスクも…。

そこで、化学繊維やメリノウールなど、吸水拡散性と速乾性に優れた素材のものを選び、体を冷やさないようにしましょう。大雨にあうことも想定し、ときには予備を持っていくことも必要です。

ベースレイヤーを選ぶポイント

ベースレイヤーは、行動しやすく機能的な素材のものを選びます。綿素材は速乾性が乏しいので避けましょう。吸水拡散性が高い化学繊維のものが多く販売されています。最近は防臭、抗菌、紫外線防止など、高機能な素材も開発されています。

直接肌に触れるウェアなので、肌触りや着心地も確認するとよいでしょう。素材が適していれば、スポーツ用ウェアなどを使うこともできます。

長袖のベースレイヤーは、半袖よりも日焼けや障害物から肌を守りやすいというメリットがありますが、体を動かしやすい半袖は、1枚持っておくと重宝します。重ね着したりアームカバーを着用したりして補うこともできます。

各素材の特徴

- **メリノウール**：吸汗および保温・調温に優れ、着心地がよく、気になる臭いも抑えてくれる。
- **化学繊維**：吸汗や速乾に優れており、耐久性が高く軽量。
- **ハイブリッド**：メリノウールの特性を生かしつつ、その弱点を補うために化学繊維を混紡した素材。両方の長所を備えている。

ジップシャツだと開閉により温度調節がしやすい

TRIVIA 【山の本6】『山の霊異記 赤いヤッケの男』（安曇潤平、2008年メディアファクトリー）は、著者自ら体験した話、山仲間からの話をまとめた山岳怪談集。怖い話だけでなく心が温まる話も。

いろいろな ベースレイヤー

半袖

防臭・UVカット効果のある素材を
使用した伸縮性の高い半袖シャツ
(berghaus)

適度な速乾性があり、
肌触りがしなやかなポリエステル素材
(THE NORTH FACE)

吸湿性が高く、適度な温度調整機能と
抗菌防臭効果があるメリノウール素材
(berghaus)

層構造のニット生地で
吸汗拡散性に優れた、
超軽量なジップTシャツ(finetrack)

※(　　)内はブランド名

長袖

さらっとした肌触りで吸湿性に優れた
メリノウールとポリエステルの
ハイブリッド素材(Marmot)

紫外線を防ぎ、優れた吸収効果と
蒸発散効果を発揮し、常にサラッと
快適な着用感をキープ(Columbia)

肌触りのよい薄手のメリノウール素材。
年間通してアンダーウェアとしても
重宝する(berghaus)

汗を表面に拡散・速乾し、
肌面を常にドライに保つ快適な
ストレッチ素材(MAMMUT)

※(　　　)内はブランド名

長時間着用しても快適なものを

アンダーウェアの選び方

直接肌に触れるアンダーウェアは、着心地や素材がポイント。
長時間着ていても蒸れたり擦れたりしないことが重要です。
着心地がよく、体にフィットするものを選びましょう。

アンダーウェアの種類と特徴

ベースレイヤーと同じく、アンダーウェアも直接肌に触れるもの。蒸れて汗をかきやすいので、吸水拡散性、速乾性が高い素材を選びましょう。乾きがよく保温力があるメリノウール素材や、通気性に富んだメッシュ素材などがおすすめです。インナーシャツとして、ベースレイヤーの下に着るタイプのものも出ています。

ブラジャーやショーツは、一番よく動かす腕や足の付け根にかかるため、動きやすいか、擦れないかなど、素材やサイズをしっかりチェックしましょう。特にブラジャーは、長時間の着用を前提に考え、締め付けすぎず伸縮性のあるスポーツタイプが便利です。

いろいろなアンダーウェア

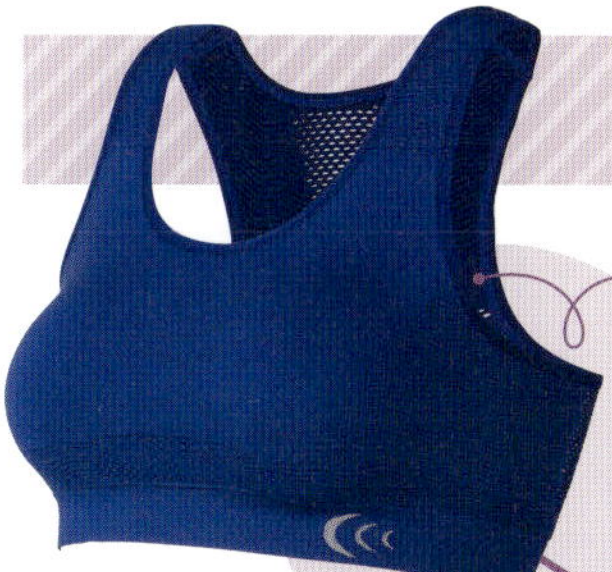

スポーツブラ

高い伸縮性でフィット感と
運動追従性に優れ、
縫い目が少ないので
擦れにくい（C3fit）

メッシュアンダー

疎水性の高いポリプロピレンを
かさの高いメッシュに編み上げ、
常に肌をドライに保つ
（MILLET）

メッシュブラ

適度な保温力と汗抜けスピードの
バランスに優れ、耐久撥水《はっすい》性を
備えたメッシュ素材
（finetrack）

※（　　　）内はブランド名

ボトムスの選び方

体にフィットし動きやすいものを

行動中は常に動きがある下半身。ボトムスは、長時間でも着心地が悪くならないようなスタイルにしましょう。ボトムスは、木や岩などから肌を守る役割も担います。

ボトムスの種類と特徴

山歩きボトムスの基本は**ロングパンツタイプ**。上半身のウェアと同様、綿素材は避け、汗を吸っても乾きやすい化繊やウール素材を。ウエスト部分はゴムやボタンなどがありますが、フィット感や着脱のしやすさなどを考えて選びましょう。

ロングパンツ以外にも、**ショートパンツや七分丈パンツ、スカート**などがあります。ショートパンツや七分丈パンツの利点は、通気性が高いこと。スカートは、通気性に加えて**ファッション性**もあり、トイレに行くときや山小屋で着替えるときにも便利なので、近年女性の間で人気があります。ただ、稜線で強風に裾があおられたり、岩場で裾がひっかかったりすることがあるので、その点に注意して機能的なものを選びましょう。

動きやすさがメリットのショートパンツやスカートですが、素肌をさらすと木や岩などでケガをしやすいので、着用する際はタイツやロングソックスを合わせてください。

さまざまなタイプのボトムスの中から、登る山の種類や天気によって、行動しやすさを考えて選びましょう。

ボトムス選びのポイント
- ひざ周りの伸縮性はあるか?
- ひざや内股などが擦れてしまわないか?
- 汗の吸収と乾きやすさはどうか?
- バックパックを背負ったときに、ウエストベルトの圧迫が痛くないか?

必ず試着をして着心地をチェックしよう

TRIVIA 【山の本7】『ホワイトアウト』(真保裕一、1995年新潮社)。吉川英治文学新人賞受賞作。2000年に織田裕二主演で映画化。厳寒の2月、テロリストがダムを占拠。一人で立ち向かうダム職員とテロリストの闘いを描く。

ボトムスの種類

大きく分けてパンツタイプとスカートタイプが。
パンツは丈の長さによって３種類あります。

ロングパンツ

スタンダードな長ズボン型のボトムス。ウエスト調整やポケット位置、サイドに温度調整用ジッパーが付いたものなど、機能の違いがある。

スカート

ボックス型、巻きスカート型などがある。巻きスカートは着脱が簡単だが、裾が風であおられやすいので、形や生地をよく吟味しよう。

ショートパンツ

体にフィットする１枚ではくタイプのもの、タイツと組み合わせて着用するタイプ、スカートのような見た目のキュロットタイプなどがある。

七分丈パンツ

ロングパンツよりも通気性がよく、ショートパンツよりひざ下の保護力はあるが、ひざ回りが突っ張らないよう体型に合うものを選ぶこと。

TRIVIA 【山の本8】『狼は眠らない』（樋口明雄、2000年角川春樹事務所）。巨大な台風が北アルプスを襲い、その中で繰り広げられる山岳警備隊隊員と謎の暗殺者集団との死闘。さわやかな感動で締めくくる山岳冒険小説。

いろいろな ボトムス

足さばきのよいテーパード形状で、
立体的なパターンと豊かなストレッチ性
を併せ持つ（THE NORTH FACE）

ライトハイクに最適な、
軽量でストレッチ性のある
スタイリッシュなパンツ
(berghaus)

ロング パンツ

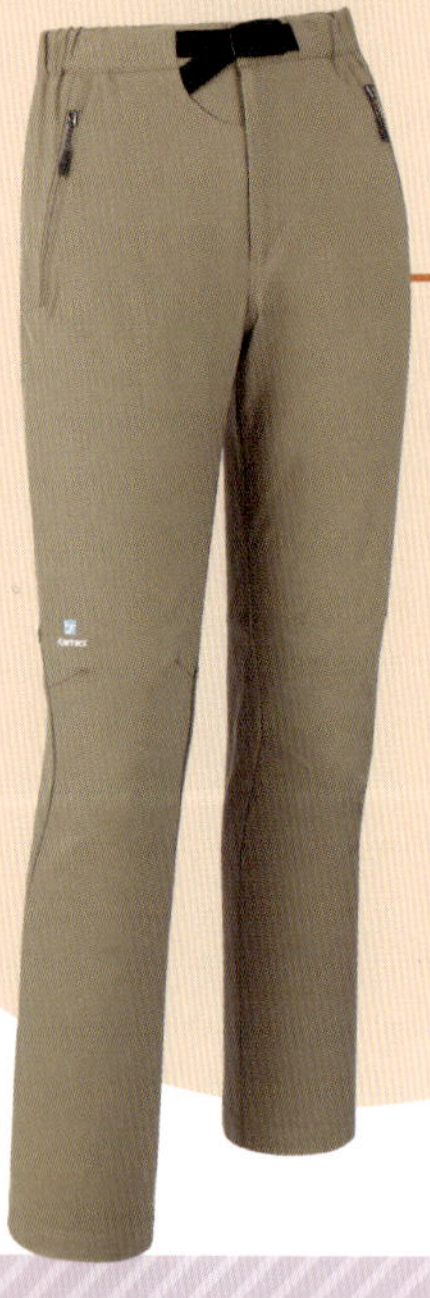

抜群の動きやすさを
実現した立体パターン、
美しいシルエットラインの
アウトドアパンツ
(finetrack)

耐久撥水《はっすい》性と防風性に優れ、
ストレッチが効いて動きやすい、
シルエットがきれいな
ソフトシェルパンツ
(MAMMUT)

ショートパンツ

ライトハイクに最適な
軽量でストレッチ性に優れた
スタイリッシュショートパンツ
(berghaus)

ロング丈からショート丈へ、
ジッパーで着脱できる
2WAYタイプ
(Columbia)

耐久性撥水加工を施した、
軽量ながらタフなサプレックス・ナイロン
素材のショートパンツ(patagonia)

2WAYストレッチで足さばきもよく、
紫外線もしっかりカットする
素材を採用(Columbia)

足の保護と疲れの軽減に役立つ

タイツ、ソックスの選び方

**保温や疲労軽減など、効果によって多様な種類があるタイツ。
汗を吸収し、足を保護する役割のあるソックス。
快適に歩くには、いずれも足にフィットしていることが大事です。**

タイツの種類と特徴

タイツには、保温や肌を守る目的のものと、運動機能の強化や疲労軽減を図る機能性タイツがあります。春・秋や冬山では保温のためにロングパンツの下にはくこともありますが、夏山ではショートパンツやスカートと組み合わせてはくことが多くなります。

保温や肌を守るためのタイツは、吸水拡散性がある化繊やウール素材で、伸縮性があり行動しやすいものを選びます。

機能性タイツは、マラソンなどのスポーツで使われるものと同じで、大きく2つのタイプがあります。ひとつは着圧（コンプレッション）タイツといわれるもので、血液循環をよくすることで疲労回復を促します。もうひとつはサポートタイツ。骨盤やひざ、太ももなど、部位ごとに筋肉を支えるような機能があるものです。

しっかりフィットするものをはけば、タイツが山歩きのサポートをしてくれて、負担が少なくなる効果があります。必要とする機能や効果を確認し、できれば試着をして、自分の体型に合うものを選びましょう。

タイツ選びで迷ったら店員に相談しよう

ソックスの種類と特徴

行動中は足先もかなり汗が出てくるので、靴の中で蒸れてしまわないよう、ソックスで水分を吸収します。ソックスもウェアと同様、拡散性が高い素材であることが必要。綿素材は避け、ウールや化繊素材のものを選ぶこと。また、一番負担がかかる足元をサポートする意味では、ある程度厚みがあるものがよいでしょう。

さまざまな丈のものがありますが、靴と素足が直接触れないよう、また足首をカバーするため、足のくるぶしより上にくる長さがベター。膝まであるロングソックスは保温にも役立ちます。

ソックスが原因で靴擦れにならないように、フィット感のあるもの、靴の余剰空間を補うものを選びましょう。

TRIVIA 【山の本9】『天空の犬』（樋口明雄、2012年徳間書店）。南アルプス山岳救助隊の新人女性隊員と救助犬メイが北岳の派出所に着任。雄大な南アルプスの北岳を舞台に、山岳救助を通して主人公が成長していく物語。

いろいろなタイツ

フロントファスナー仕様で
着脱が容易。しっかりと
したサポート効果を
保持しながらも軽量
(C3fit)

リバーシブル！

サポート機能を
生地の間に内蔵
したため軽量。
リバーシブルで
使用可能
(MIZUNO)

保温力のある中厚手
メリノウール素材。
行動中や山小屋での
着替えにも重宝する
(berghaus)

日焼け防止や保温にも
役立つ、抗菌防臭・
速乾性に優れたタイツ
(berghaus)

※(　　　)内はブランド名

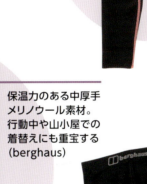

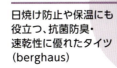

いろいろなソックス

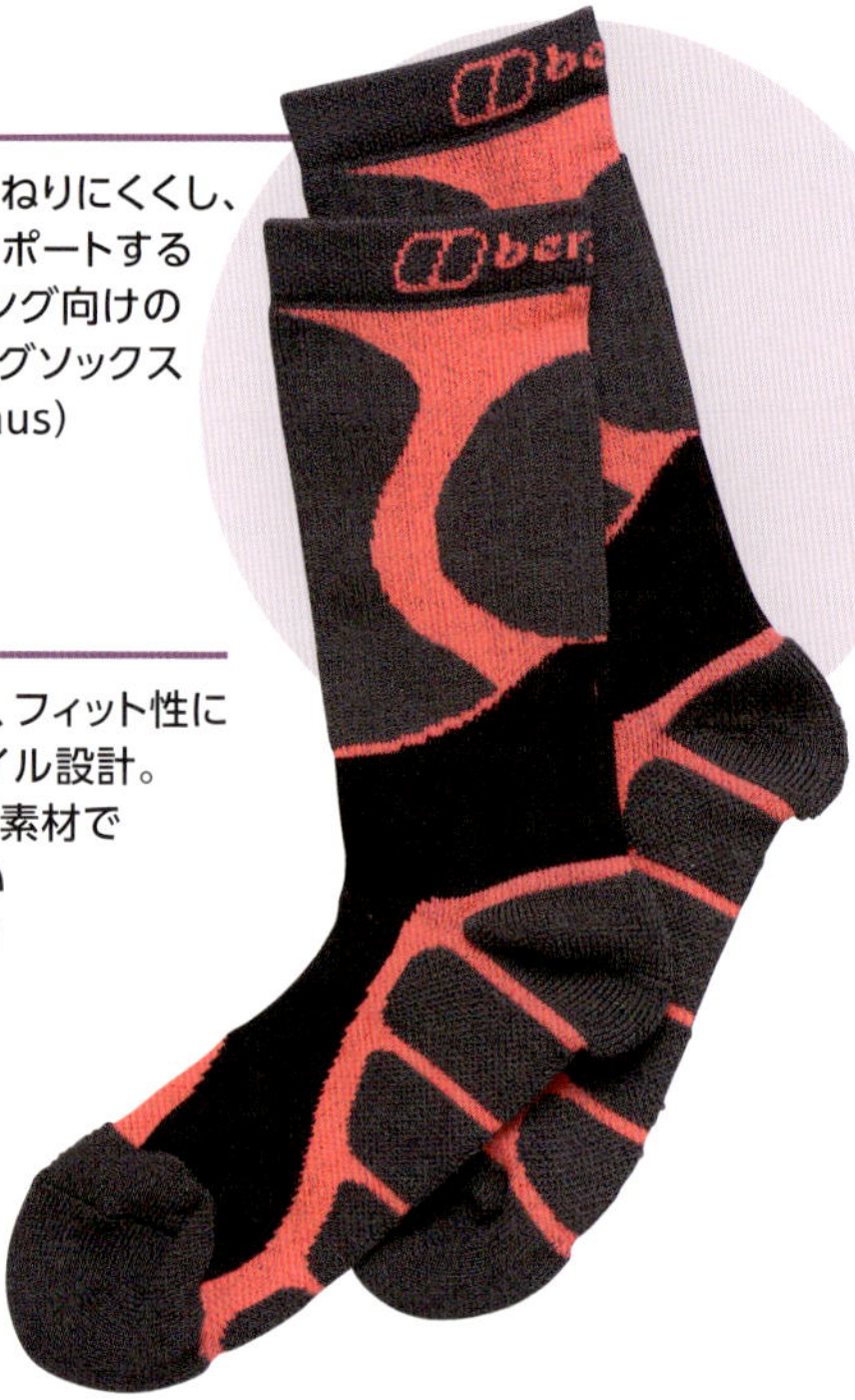

足首をひねりにくくし、
歩行をサポートする
トレッキング向けの
テーピングソックス
(berghaus)

クッション性、フィット性に
優れた総パイル設計。
メリノウール素材で
肌触りがよい
(berghaus)

高い吸汗性を備えた
ドラロンファイバーを
使用したショートソックス
(berghaus)

幅広いシーンで使える、
くるぶし丈のソックス。
ドラロンファイバー使用(berghaus)

ソックスも山歩きをサポートする
重要アイテム!

※(　　　)内はブランド名

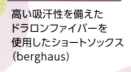

晴れていても必ず持参

レインウェアの選び方

山では急に天気が変わりやすいので、晴れの予報でもレインウェアは必ず持参すること。上下とも試着をして、動きやすいか、着脱しやすいかを十分に確認しましょう。

レインウェアの特徴

山で体が濡れると、体温が低下し、余分なエネルギーを消耗してしまいます。山では雲の変化が起こりやすく、朝晴れていても急に雨が降ってくることもあります。必ず**上下セパレートタイプ**のレインウェアを一式持参しましょう。

完全防水はもちろん、汗をかいても快適に体温を保てるよう、**透湿性**の高い素材を選びましょう。代表的なのは**「ゴアテックス（GORE-TEX®）」**。ビニール素材のものは透湿性や耐性がないため、山歩きでは使えません。難路や風の強い場所では傘もNGです。

なお、生地によって重さが異なります。厚手のほうが耐久性・保温性は高くなりますが、夏山登山の場合は標準タイプで十分。荷物の軽量化も念頭に置く必要があります。

登山用品店には、カラフルなレインウェアも多数そろっています。万が一遭難したときに目立つほうが発見されやすいということもありますが、好みの色を選び、雨でも山歩きが楽しめるようにしましょう。

レインジャケットはアウターとしても重宝する

レインウェア選びのポイント

- ミドルレイヤーを着込んだ上から着用できるサイズか
- 手首や首元から雨が入らないような調節ができるか
- フードをかぶったときに視界が遮られないか
- レインパンツはウエストや丈の長さを確認。丈が短いと足首から靴の中に水が入る
- 靴をはいたままでも着脱しやすいか

TRIVIA 【山の本10】『山の常識 釈問百答』（釈由美子、2014年山と溪谷社）は、テレビの登山番組で司会を務めた釈が、初心者の目線で、山の素朴な疑問や質問を山の専門誌の編集長に尋ねる。100問は入門者必読。

いろいろなレイングッズ

レインウェア

防水透湿性に優れ、
軽量・コンパクトで
バランスのとれた
オールウェザージャケット
(berghaus)

裾から太ももまで
開閉できる
軽量・コンパクトな
レインパンツ
(berghaus)

防水耐久性・透湿性を兼ね備えた
「ゴアテックス®」を使用した
上下セパレートのレインウェア
(BAILESS)

レインハット

防水透湿素材
「ハイドロシェル」を用い、
内側にメッシュを
組み合わせたレインハット
(berghaus)

レイングローブ

「ハイドロシェル」を使用し、
優れた耐水性・撥水《はっすい》性を発揮する
レイングローブ(berghaus)

ゲイター

防水効果の高い「ハイドロシェル」を用いた軽量ゲイター(berghaus)

厚手の生地を用いた悪天候・雪山登山でも安心して使用できるモデル(berghaus)

パンツの裾汚れやブーツへの雨や小石の浸入を防ぐショートタイプ(BAILESS)

ポンチョ

バックパックを背負ったまま着用できるシンプルな軽量ポンチョ。自然道散策、キャンプで活躍する(berghaus)

※(　　　)内はブランド名

快適さと安全性をさらに高める

その他の小物

防寒や日焼け防止、安全対策として、頭や首回り、
手や腕をガードするアイテムも欠かせません。
季節や登る山に応じて、適切なものを選びましょう。

防寒・日焼け対策に小物を活用

安全で快適な山歩きのためには、頭部や首回り、手や腕などにも気を配りましょう。たとえばグローブ。防寒だけでなく、岩場や雪、木の枝などから手を保護する役割もあります。夏は日焼け防止にUVカットタイプを着用するとよいでしょう。

帽子も、熱射病や日焼けを防止する薄手・メッシュ素材から、防寒用の厚手・ニット素材など、さまざまなタイプがあります。

首回りにはネックゲイターを。こちらも、日焼け防止と防寒用で素材が異なります。アームカバーは、半袖のときに日焼け対策として着用します。

季節や登る山に応じて、これらの小物をコーディネートに取り入れましょう。

グローブ

日焼け防止効果が高く
吸汗速乾性に優れた
メッシュグローブ
(berghaus)

耐水性・透湿性に優れた
3シーズン対応の
トレッキンググローブ
(berghaus)

ドライで涼しい着け心地、
半指タイプの
メッシュグローブ
(berghaus)

タッチスクリーン
操作が可能な
ウインドストッパー
グローブ
(berghaus)

帽子

紫外線の98％をカットする
素材のブーニーハット
(Columbia)

大きく施された
通気メッシュが蒸れを
軽減するブリムハット
(berghaus)

綿100％、
ワンウォッシュ加工をした
風合いのある
バケットハット
(berghaus)

ベンチレーション機能と
裏地メッシュの
ワークキャップ
(Marmot)

暖かさとファッション性を
備えたケーブル編みの
ニット帽(berghaus)

裏地にフリースの
ヘッドバンドが付いた
アクリル製のビーニー
(berghaus)

ネックゲイター

速乾性に優れ、首元の日よけや
体温調整など、多用途に使える
(berghaus)

軽量で速乾性が高く、
着け心地のよい
フルストレッチ素材。抗菌加工で
不快な臭いを防ぐ(MAMMUT)

保温力の高いフリース素材を使用。
帽子をかぶったまま
ジップで着脱できるのがポイント
(THE NORTH FACE)

吸湿性、保温性に優れた
メリノウール100%で
首元を快適に保つ(berghaus)

アームカバー

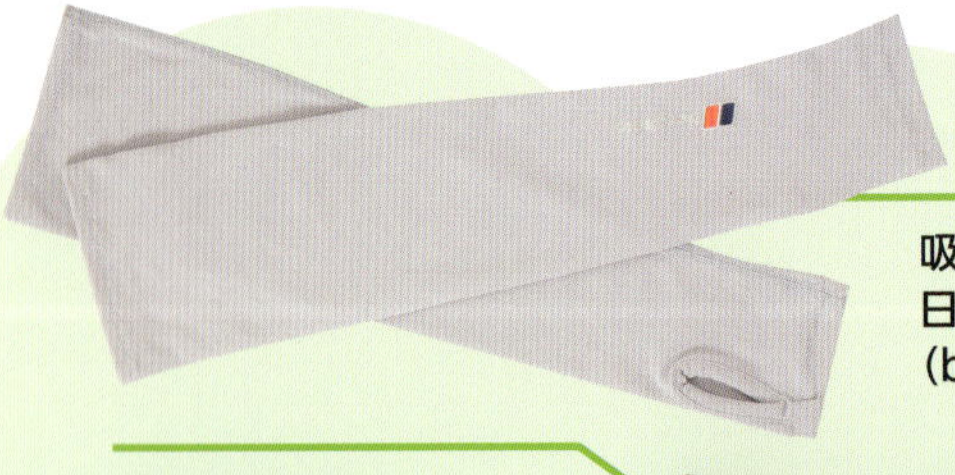

吸汗速乾でフィット感があり、
日焼け対策に最適
(berghaus)

段階着圧設計で、
紫外線遮蔽率90%以上・
UPF40%以上の
UVカット効果がある(C3fit)

※(　　　)内は
ブランド名

こまめなメンテで長く使う

山ウェアのお手入れ

山ウェアは、汚れや汗が残っていると生地が早く劣化します。山から帰ったら毎回メンテナンスするのが長持ちのコツ。専用クリーナーを使うなど、適切な方法で手入れしましょう。

洗濯方法はタグで確認

山歩き後、ウェアに付着した泥や雨、汗をそのままにしておくと、生地が劣化してしまいます。ウェアを長持ちさせるには、こまめな手入れが欠かせません。

山ウェアの手入れは、各素材に適した方法で行うこと。自宅で洗濯できるものも多いので、ウェアに付いている洗濯表示タグを確認しましょう。

レインウェアも洗えます。表示に従って洗濯・すすぎまでを行い、脱水はせず、乾燥機か陰干し後、アイロンを使って仕上げます。水を通さない素材なので、通常の2倍ほどの時間をかけてすすぐこと。撥水性《はっすい》を気にするのであれば、＋αで撥水剤をかけましょう。表面の部分的な汚れなら、手洗いによる部分洗いでもOKです。

洗濯は専用クリーナーで

レインウェアやダウン素材のウェアを洗う際は、できるだけ専用クリーナーを使いましょう。なければ化学繊維用の中性洗剤でもOK。必ず洗濯表示タグを確認し、指定された方法で洗ってください。

撥水剤（左）およびウェア別の専用クリーナー

TRIVIA 【山の本11】『雪煙をめざして』（1982年中央公論社）は、エベレストに三度登頂（春・秋・冬）した加藤保男の山行紀。あとがきで「成功を優先すれば生命が危ない。生命を大事に考えれば成功はおぼつかない」と語る。

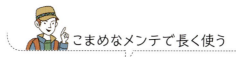

季節別の

山コーディネート例

季節や山の標高によって適切な山ウェアは異なります。何をどう組み合わせるか、快適な山歩きのためのコーディネート例を紹介します。

春&秋

風が冷たい時期なので
ウインドシェルを着用

サポートタイツで疲労を軽減! 縫い目がないのではき心地よし

POINT

春・秋は、ベースレイヤーにウールの長袖シャツ、ミドルレイヤーに山シャツというのが基本。アウターには軽くてコンパクトなウインドシェルを。黄色のショートパンツが差し色に。

夏の低山

POINT

夏の低山では体温が上がりやすいので、半袖シャツとショートパンツで涼しげに。ただし、日焼け防止・紫外線対策のためアームカバーとネックゲイター、ロングタイツは必須。

夏の高山

POINT

夏の高山スタイルは、体温調節がしやすいようウール素材の長袖シャツに半袖ジップシャツを重ね着。ロングパンツと黒のキャップで、クール系のコーディネートに。

冬の低山

ウールのニット帽は
寒さを和らげてくれる
モコモコのあったか
フリースで保温を。
カラーリングもポイント!

POINT

冬の低山では、山シャツにフリース、裏起毛の寒冷地用ロングパンツ、ニット帽で暖かく。フリース素材の手袋と、着脱しやすいネックウォーマーで防寒はバッチリ。

冬の高山

POINT

メリノウールの長袖シャツに、フリースと防水ジャケットでしっかり防寒。ネックウォーマー、ニット帽も欠かせない。雪がちらつくことも想定して、防水グローブを着用。

プラスα

雪がちらつく場合は
ゲイターを着用しよう

おとな女子登山部

私たちのこだわり山コーデ

山ウェアは、機能だけでなくデザインや色も大切。お気に入りの格好なら、山歩きがもっと楽しくなります。おとな女子登山部メンバーのコーディネートを紹介！

なっちゃん

夏

アンダーウェアにはメッシュ素材のウェアを着用。汗が冷えて体温が下がってしまうのを防いでくれる優秀な一枚で、年中愛用しています

日焼け対策＆ケガ予防のため、夏でも薄手のグローブを着用

ネックゲイターで日焼け対策＆温度調整を。富士山などでは砂ぼこりを避けるためにも活用できます。多用途で使える機能的なアイテム

ウェアは基本的に好きな色（ピンク）のものばかり！ 落ち着いた色を合わせて、自分カラーで山でもテンションン上げています♪

夏は半袖を着ることが多いので、日焼け対策は念入りに。日差しがきついときはアームカバーをプラスします。日焼け止めの塗り直しも必須

なみへ～

夏

髪が長いので、ポニーテールを後ろの穴から出せるキャップを愛用。日焼け対策として、サンシェードやハットもおすすめ

どのシーズンでもグローブを着用。岩場や鎖場のある山で有効

縦走登山や岩場のある山、テント泊では、ハイカットでソールの硬いシューズをチョイス。重い荷物を背負ってもへっちゃら！

歩いている最中に、衣類の着脱なしで体温調節のできるジップシャツ。首元を開け閉めするだけで快適に過ごせます

縦横のストレッチ性が抜群で、足が上げやすく動きやすいパンツ。最初の１本は春夏秋の３シーズンはける厚さのものがおすすめ

つじまい

春〜夏

日帰り登山なら20～30ℓのバックパックが使いやすい。お店でフィッティングして、体に合うものを選んで

夏山でも標高2000m以上の山ではアンダーウェアに気を付ける。汗冷えを防ぐメリノウールがGOOD

ボタンダウンのシャツは脱ぎ着しやすいので◎。汗が乾きやすい化繊素材がおすすめ

ショートパンツ×サポートタイツのスタイルは、見た目がかわいいだけでなく、ひざの曲げ伸ばしがしやすく機能的

低山ハイキングなら、ローカットのシューズでもOK。登山用シューズは防水性があり、スニーカーと違って底が滑りにくい

奈良を中心に山歩きを楽しんでいます♪

くみんちゅ

秋

ニット帽でしっかり寒さ対策

寒い時期にはメリノウール素材のアンダーウェアを着用して暖かく

ボタンシャツとベストを緑系で統一!

防水機能のあるスカートなので、多少の雨なら平気。風も防いでくれる

機能性タイツは血行を促進し、足のむくみを軽減できる

CHAPTER
3

山道具を準備しよう！

登山用品店で山道具を選ぶ

How to prepare hiking equipment

山ウェアを選んだら、次は道具類を。
登山靴やバックパックは重要アイテムです。
山ウェアと同様、お店の人にアドバイスを受けながら、
山歩きのスタイルに合わせたものを選びましょう。
ストックや、その他の便利グッズも
要チェック。

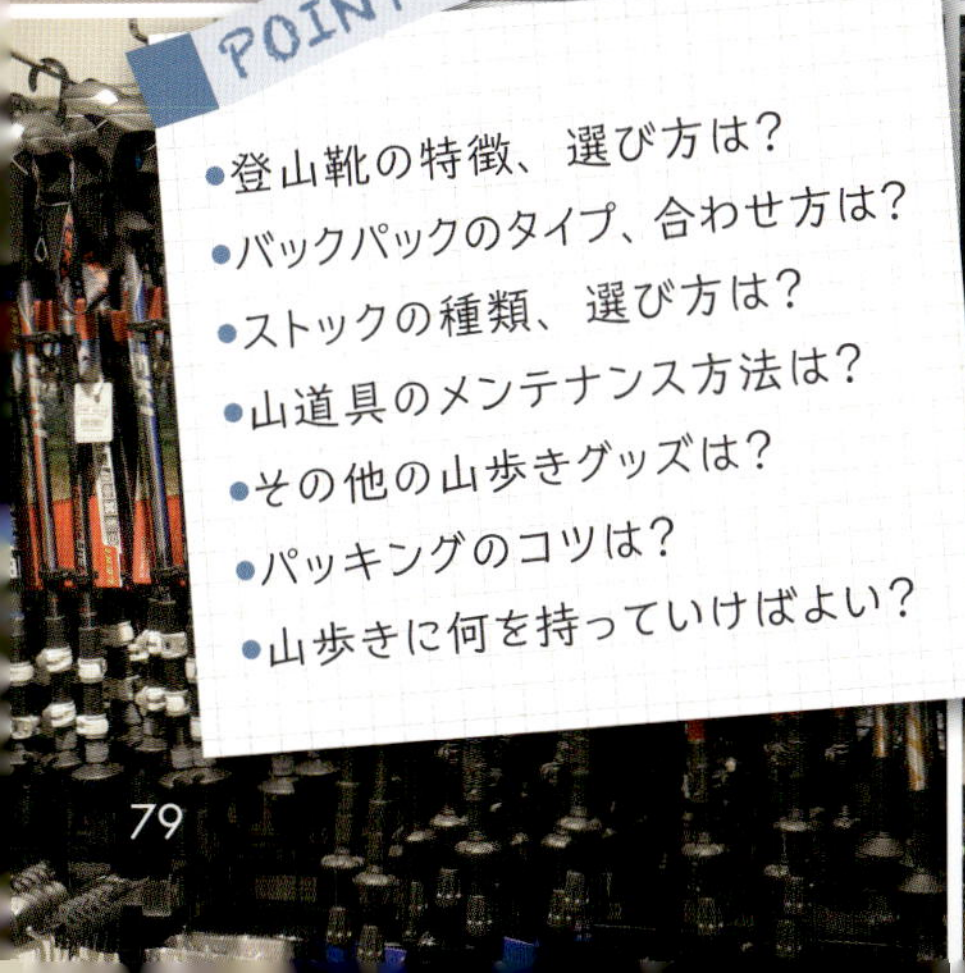

POINT

- 登山靴の特徴、選び方は？
- バックパックのタイプ、合わせ方は？
- ストックの種類、選び方は？
- 山道具のメンテナンス方法は？
- その他の山歩きグッズは？
- パッキングのコツは？
- 山歩きに何を持っていけばよい？

安全な山歩きには欠かせない！

登山靴の選び方

不安定な足場において足を保護してくれる登山靴は、安全な山歩きのためにも、こだわって選びたいもの。防水性のあるものなら雨天でも安心です。

登山靴の特徴

登山靴は、数ある山道具のなかでも、最も重要なアイテムのひとつ。石が転がっていたり、木の根が飛び出ていたり、ぬかるんでいたりといったコンディションの山道を、長い時間歩き続けるので、足には大きな負担がかかります。それを少しでも軽減し、安全で快適な山歩きをサポートしてくれる登山靴を選びましょう。

アウトソール（靴底）が硬い登山靴は、凸凹のある道も歩きやすく、足の裏にかかる力が分散されるため足が痛くなりにくいという利点があります。ただし、アウトソールが硬すぎると足の裏が曲げられないので、傾斜の緩やかな道では逆に歩きにくくなることも。登山靴を選ぶ際は、どんな山を歩くかを考慮することが重要です。

登山靴は、足首部分のカットによって、次の3つのタイプに大きく分けられます。くるぶし下までのローカット、足首を適度に保護しつつ歩きやすさも備えたミドルカット、くるぶしまでしっかりカバーするハイカット。各タイプの特徴と、どんな山歩きに向いているのかは、P.84で説明しています。

左からハイカット、ミドルカット、ローカット

登山靴選びのポイント

最初の1足に選ぶなら、くるぶしまでしっかり包み込むハイカットタイプがおすすめ。足首がしっかり固定されるのでケガをしにくく、宿泊をともなう登山までカバーでき、山歩きの幅が広がります。

登山用品店の登山靴売り場に行くと、さまざまな登山靴がずらりと並んでいます。たとえば同じハイカットタイプでも、アウトソールの硬さによって、「ハードタイプ」と「ライトタイプ」があります。

普段はいている靴と違って、靴の中で足が動きすぎるのは禁物。何足かはき比べてみましょう。自分の足にフィットする、お気に入りの登山靴を選べば、山歩きがさらに楽しくなります。

TRIVIA 【山の飲み物1】サントリー天然水には3つのふるさとがある。「南アルプス」は山梨県北杜市白州町。硬度約30。「阿蘇」は熊本県上益城郡嘉島町。硬度約80。「奥大山」は鳥取県の奥大山。硬度約20。（サントリーHP）

登山靴はこうなっている!

登山靴には、山歩きをサポートする工夫がいっぱい。
登山靴の特徴的なつくり・パーツを紹介します。

ベロ
足の甲を守るため、クッション性の高い素材が使われる。別名「タン」。

足首パッド
足首を安定させる部分。クッション性が高い素材が使われる。

靴ひも
適度な伸縮性があり、締めやすく、耐久性に優れたものがよい。

フック
靴ひもを引っかける部分。

ミッドソール
アウトソールとインソール(内部)の中間部分。クッション性があり足への衝撃を吸収する。

アウトソール(靴底)
登山靴のタイプによって硬さはさまざま。突起や溝が滑り止めの役割を果たす。

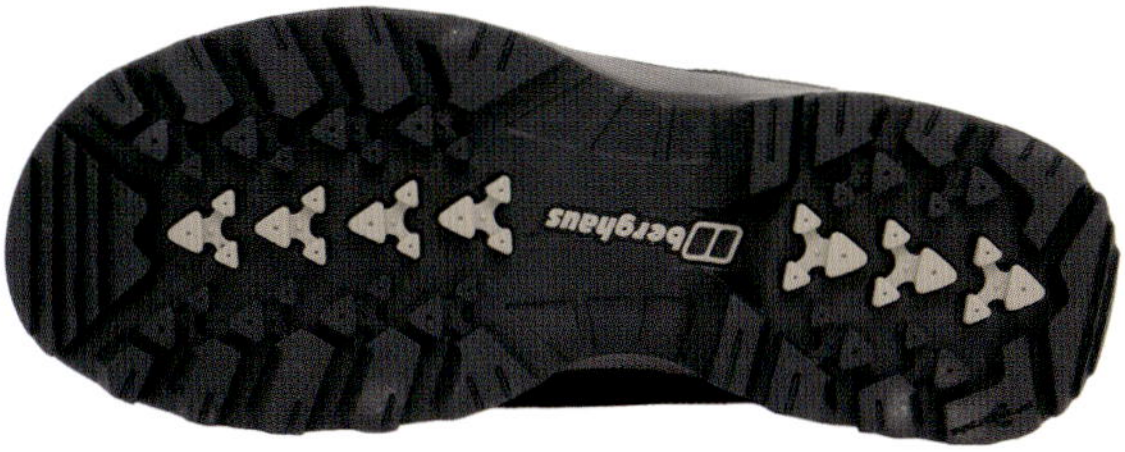

防水・透湿性素材を!
靴の中をできるだけ乾いた状態にしておくには、防水だけでなく、汗による湿気を外に逃すことがポイント。「ゴアテックス(GORE-TEX)®」は代表的な防水・透湿性素材だ。

TRIVIA 【山の飲み物2】水の「硬度」とは、水中のカルシウムやマグネシウムの含有量のこと。硬度の低い水を「軟水」といい、味にはくせがない。硬度が高い水は「硬水」といい、口に残るような味を感じる。(東京都水道局HP)

登山用品店で登山靴を選ぶ

登山靴は、スタッフに相談しながら、じっくりとフィッティングして選びましょう。登山靴を選ぶ際の流れ・ポイントを紹介します。

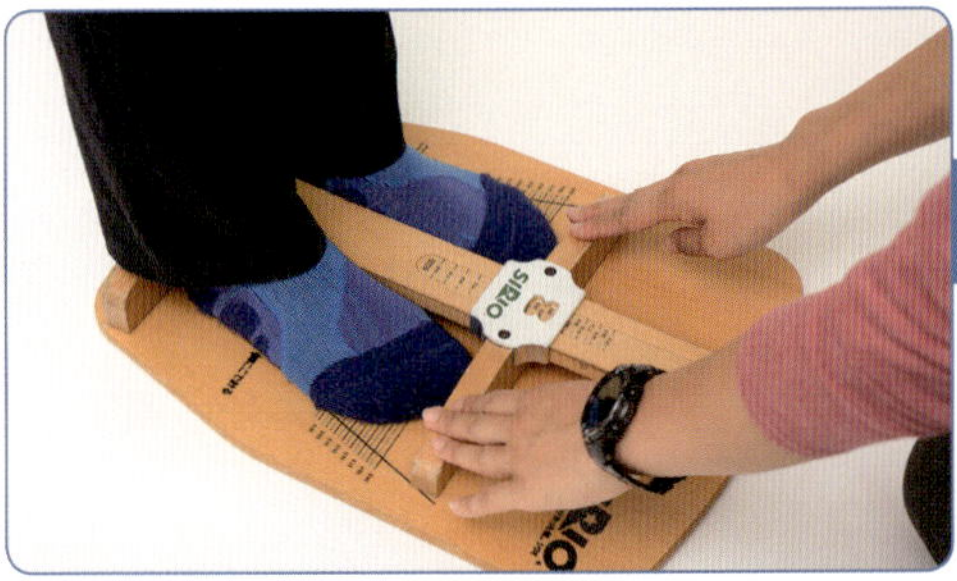

1 足のサイズを測る

登山用靴下をはいて、登山靴専用のスケールで足のサイズ（長さ、足幅）を測る。サイズはあくまでも目安。

2 試しばきをする

靴ひもをほどき、全体的に緩めてベロの部分を十分に広げ、まずは片方の足からはいてみる。

3 つま先に余裕があるか確認する

かかとを床にトントンと打ちつけ、かかとをしっかり収める。つま先に指が動かせる程度の余裕があることを確認する。

TRIVIA 【山の飲み物3】山専用の保温ポットは100℃近い熱湯が6時間後でも約80℃で、インスタントスープやカップラーメンを作ることが可能なものもある。容量と価格はさまざま。使い方を考えて専門店で確認を。

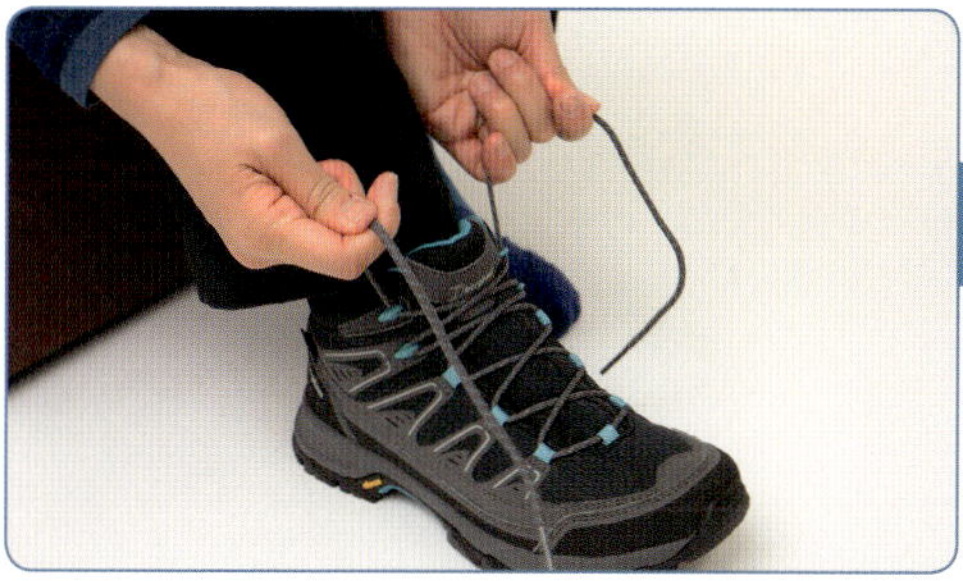

4 靴ひもをしっかり締める

靴の先のほうからひとつずつ靴ひもを締め上げていく。特に甲と足首にフィットするように、しっかりと締める。

大きすぎる靴に注意
特に下りの傾斜で、靴の中で足が動かないか確認

5 店内を歩き回ってはき心地を確認する

両足ともはいたら、店内を歩き回ってはき心地を確かめる。スロープがあれば、上り下りしてかかとが浮かないか、痛いところはないかをチェックする。

CHECK! インソールの重要性

「インソール」とは、靴の中に敷く足裏に接する部分のことで、「中敷き」とも呼ばれる。インソールは、衝撃を吸収する、体のバランスを整える、ケガや足の痛み、疲れを軽減するなどの役割がある、とても重要なアイテム。登山靴にはもともとインソールが入っているが、機能が十分でないことも多いので、より効果のあるものを別途購入するとよい。

TRIVIA 【山の食べ物1】行動食・非常食に適するカロリーの高い食品。100ｇ中、ココナッツ668kcal、チョコレート557kcal、あめ390kcal、プロセスチーズ340kcal。（『山の雑学ドリル』小山義雄、2008年山と渓谷社）

登山靴カタログ

各メーカーから、目的別にさまざまなタイプの登山靴が出ています。

ローカット

足首を自由に動かすことができ、重量も軽いので、歩きやすいのが特徴。未舗装の林道や自然歩道の散策、キャンプに向いている。

頑丈で、透湿性と防水性を兼ね備えたハイキングシューズ
(berghaus)

通気性のよいメッシュアッパーと、防水性＆透湿性に優れた「ゴアテックス®」を採用
(MERRELL)

ミドルカット

足首を適度に保護しつつ、歩きやすさも。ソールは比較的やわらかい。里山や、岩場のない低山、凹凸の少ない自然歩道に向いている。

「ゴアテックス® サラウンド®」を採用した透湿性の高いシューズ。軽さと耐久性の高さも両立
(LA SPORTIVA)

テクニカルなアプローチルートや重装備でのトレッキングにも対応可能
(LA SPORTIVA)

ハイカット

くるぶしまでしっかり固定。ソールがやや硬めのライトタイプは低山から2000m程度の山に、ソールが硬いハードタイプは岩場やガレ場で安定する。

衝撃吸収性のある軽量ミッドソールによるクッション性、独自のソールパターンによるグリップ力に優れたトレッキングシューズ
(berghaus)

耐摩耗ファブリック＋サーモプラスチック加工を施した登山靴。岩稜帯に適している
(LA SPORTIVA)

※(　　　)内はブランド名

登山靴のメンテナンス

登山靴のお手入れは、汚れを落として十分に乾かし、撥水《はっすい》剤・防水剤で仕上げます。

1 靴ひもをはずす

靴ひもをほどいて、両足ともはずす。

2 インソールを取り出す

インソールは汗を吸っているので、取り出して乾かす。

3 ブラシで汚れを落とす

ブラシを使って、靴底含め靴全体の汚れを落とす。

4 クリーナーをかける

汚れがひどい部分には、専用クリーナーを吹き付ける。

5 布を当てて汚れを取る

クリーナーをかけた部分に乾いた布を押し当て、汚れを取る。

6 陰干しする

風通しのよい日陰で乾かす。
ベロの部分は開いておく。

7 撥水剤をかける

仕上げに撥水剤（または防水剤）をかけ、よく乾かす。

TRIVIA 【山の食べ物2】山での自炊やキャンプでも食されているレトルト食品。1968年2月に大塚食品が「ボンカレー」を世界初の市販用レトルトカレーとして阪神地区限定で発売。（大塚食品HP）

山歩きの大事なパートナー

バックパックの選び方

**バックパックも、山歩きの重要な装備のひとつ。
形や大きさ、サイズなど、さまざまな選択肢から
自分の体にフィットするものを選びましょう。**

バックパックのタイプと特徴

山歩きに必要な荷物を運ぶためのバックパックは、山歩きに欠かせない大切なパートナー。普段使うタウンユース用とは違い、登山用のバックパックには、「背負いやすく疲れにくい」「丈夫で耐久性がある」「登山に便利な工夫が凝らされている」などの特徴があります。快適な山歩きのためには、登山用のバックパックを用意しましょう。

登山用のバックパックには、さまざまな形や大きさ（容量）、サイズがあり、メーカーによって色やデザインも豊富です。バックパック選びでまずポイントとなるのは、山歩きの目的に応じた大きさ（容量）。日帰り登山なら20～30ℓ、1～2泊程度の山小屋泊まりなら30～50ℓ、テント泊なら50～70ℓというのが目安になります。

山歩き初心者なら、日帰りにも山小屋泊にも対応できる、使い勝手のよい30ℓ前後がおすすめ。軽さも重要ですが、フィッティングして背負い心地のよいものを選びましょう。また、サイドや正面にポケットがあると、小物を収納するのに便利です。

30ℓ（左）と20ℓ（右）のバックパック

「雨蓋《あまぶた》」はポケットになっているので、ある程度大きいほうが便利

同じモデルや同じ大きさ（容量）のバックパックでも、背面長（背中の長さのこと）によってS・M・Lなどいくつかサイズがあったり、女性用・男性用があったりします。なかには背面長が調節可能なものも。いろいろなバックパックを実際に背負ってみて、自分の体にフィットするものを見つけてください。

TRIVIA 【山の食べ物3】『孤高の人』（新田次郎著）のモデルである加藤文太郎（1905-1936年）は、行動食として冬山に甘納豆を携行。甘納豆は、元祖となる「甘名納糖」を榮太樓總本舗が江戸時代に創製。

バックパックはこうなっている!

登山靴と同様、バックパックにも多くの工夫が。
バックパックの特徴的なパーツを紹介します。

雨蓋《あまぶた》

バックパック上部を覆うカバーのことで、バックパックを雨や雪から守る役割がある。トップや内側にポケットが付いていることが多い。

コンプレッションベルト

バックパックの両サイドに付いているストラップ。荷物が少ないときは、ここを絞って荷物のバランスを調整する。ストックを取り付けるためにも代用可能。

ストックホルダー

ストックを取り付けることができる。ボトムのループにストックの先端を通し、上部のホルダーで反対側を固定する。

サイドポケット

水筒など頻繁に取り出すものを収納するのに便利なポケット。メッシュタイプのほか、ファスナー開閉式もある。

ショルダーハーネス

バックパックの荷重を肩で支えるためのベルト。厚みと太さがあり、弾力のある素材が使われている。バックパックが体にフィットするよう、ヒップハーネスとともに長さを調節する。

背面パネル

バックパックを背負ったときに背中に当たる部分で、荷重をここで背中全体に分散する。クッション性が高いものや、通気性が高いメッシュ素材など、メーカーごとに工夫を凝らしている。

ヒップハーネス

（ウエストベルト）

荷重の大部分を受け止め、腰で支えるためのベルト。バランスよくバックパックを背負うには、ヒップハーネスの調節がポイントとなる。

トップポケット

雨蓋のポケット。山歩き中によく使うものを入れるのに便利。

スタビライザー

バックパックの上部をより体にフィットさせるためのストラップ。

チェストハーネス

左右のショルダーハーネスをつなぐベルト。ショルダーハーネスの位置がずれないように固定する。

ウエストポケット

ヒップハーネスに付いているポケット。スマホや行動食などを入れるのに重宝する。

TRIVIA 【山と体1】行動中のエネルギー消費量（kcal）は、体重（kg）×行動時間（h）×5（kcal）。※軽装で無雪期の登山道の場合（『登山の運動生理学とトレーニング学』山本正嘉、2016年東京新聞）

バックパックの
フィッティング方法

バックパックをバランスよく背負うには、体に合うものを選ぶことが重要。そのために正しいフィッティング方法を押さえましょう。

1 ショルダーハーネスを緩めて背負う

2 ヒップハーネスを腰骨の位置で固定する

3 ショルダーハーネスの長さを調節する

4 チェストハーネスを胸の上で締める

TRIVIA

【山と体2】行動中の脱水量（ml）は、体重（kg）×行動時間（h）×5。暑くない時期、軽装で整備された登山道の場合。荷は含まない。（『登山の運動生理学とトレーニング学』山本正嘉、2016年東京新聞）

5 チェストハーネスの長さを調節する

6 スタビライザーを適度に締める

7 背中との隙間を確認する

OK 隙間がなく背中にフィットしている

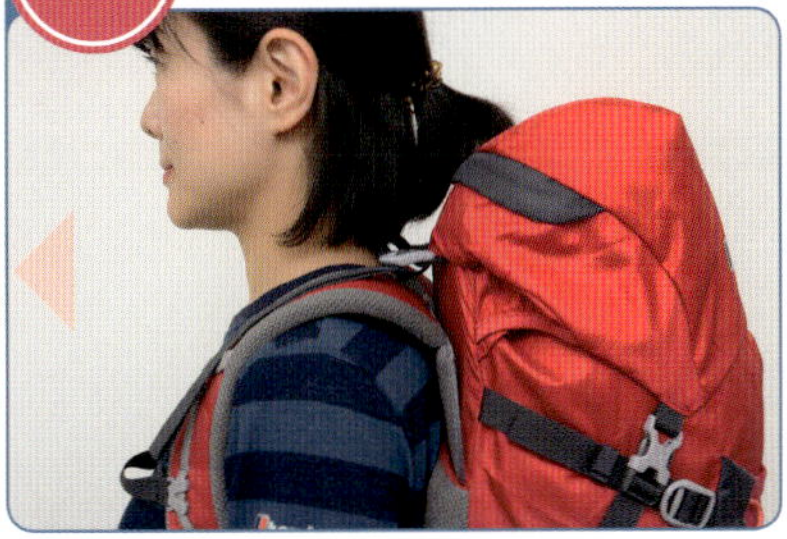

NG 背中との隙間が空きすぎて安定しない

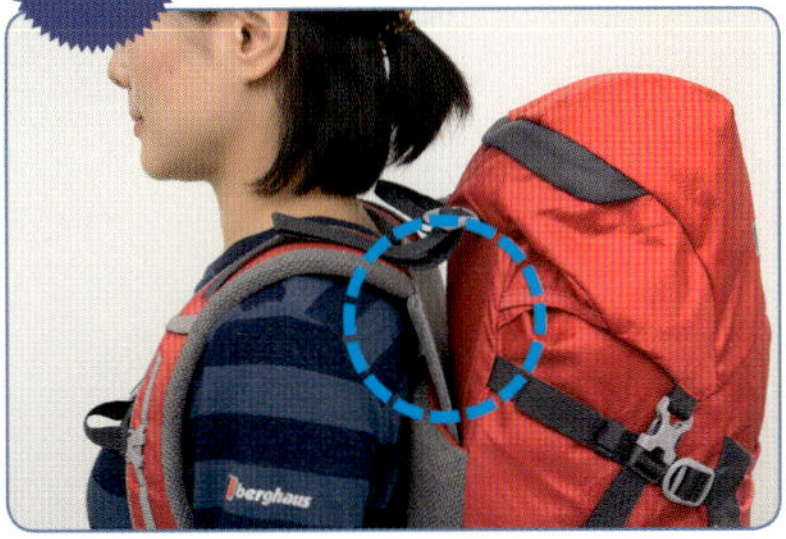

8 完成!

歩き回って最終チェック。安定していて荷重がうまく分散されていればOK！

TRIVIA 【山と体3】スクワット運動は「ひざの痛み」「下り時での足のガクガク」「太ももの筋肉痛」「太ももの筋の痙攣」に効果がある。（『登山の運動生理学とトレーニング学』山本正嘉、2016年東京新聞）

バックパックのメンテナンス

バックパックを長く使うためには、使用後のメンテナンスが大切。カビが生えないよう、また加《か》水分解《すいぶんかい》が起こりにくいよう、十分に乾かすことがポイントです。

1 風通しのよい場所で陰干しし、よく乾かす

berghaus
泥などは
ブラシで
落としておく

2 仕上げに除菌・消臭スプレーをかける

洗えない
背面も
清潔に！

※汚れや臭いが気になるときは、部分洗いや押し洗いを。適切な洗濯方法はメーカーや購入店で確認しよう。

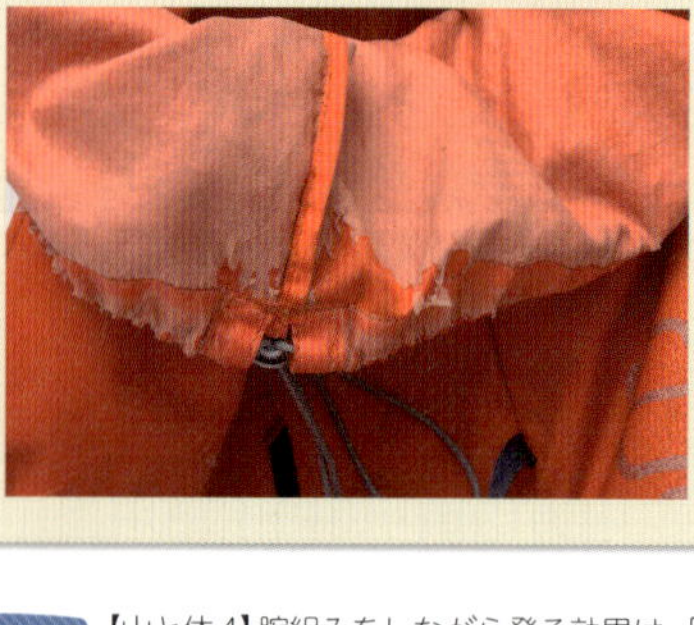

CHECK!

バックパックの内側がボロボロになるのはなぜ？

雨や汗などで湿ったバックパックを十分に乾かさないまま使っていると、内側のポリウレタンコーティングが施された部分がボロボロになってしまうことがある。これは、ポリウレタンが空気中の水分（水蒸気）と反応して「加水分解」（＝劣化）した状態。こうならないようにするためにも、バックパックは十分に乾かすことが重要だ。

TRIVIA 【山と体4】腕組みをしながら登る効果は、「バックパックの荷で肩が圧迫されるので、肩と腕の血流の滞りをよくする」「腕を組むことで、体の中心に重心を集められる」など。ベテランは無意識に行う場合も。

山歩きをサポートしてくれる

ストックの選び方

ストックは山歩きに必須の道具ではありませんが、使うと体への負担がかなり軽減されます。初登山から用意して、慣れておくとよいでしょう。

ストックの種類と選び方のポイント

ひざや腰への負担を軽減し、山歩きをサポートしてくれるストック。特に斜面を歩く際には、バランスが取りやすくなるため重宝します。

グリップ（持ち手）の形がT字型のものとI字型のものがありますが、前者は普段の歩行に近い感覚で使用し、1本で上から握り込んで使います。I字型はスキーストックと同じようなグリップで、2本使い（ダブルストック）が主流。登山ではI字型が一般的です。

登りと下りでは必要な長さが異なるので（→P．121）、適切な長さに調節できることがポイント。調節方法もいくつかあるので、いろいろと見比べて自分に合うものを選びましょう。

ストックはこうなっている！

登山用ストックの各パーツの名称と役割を紹介します。

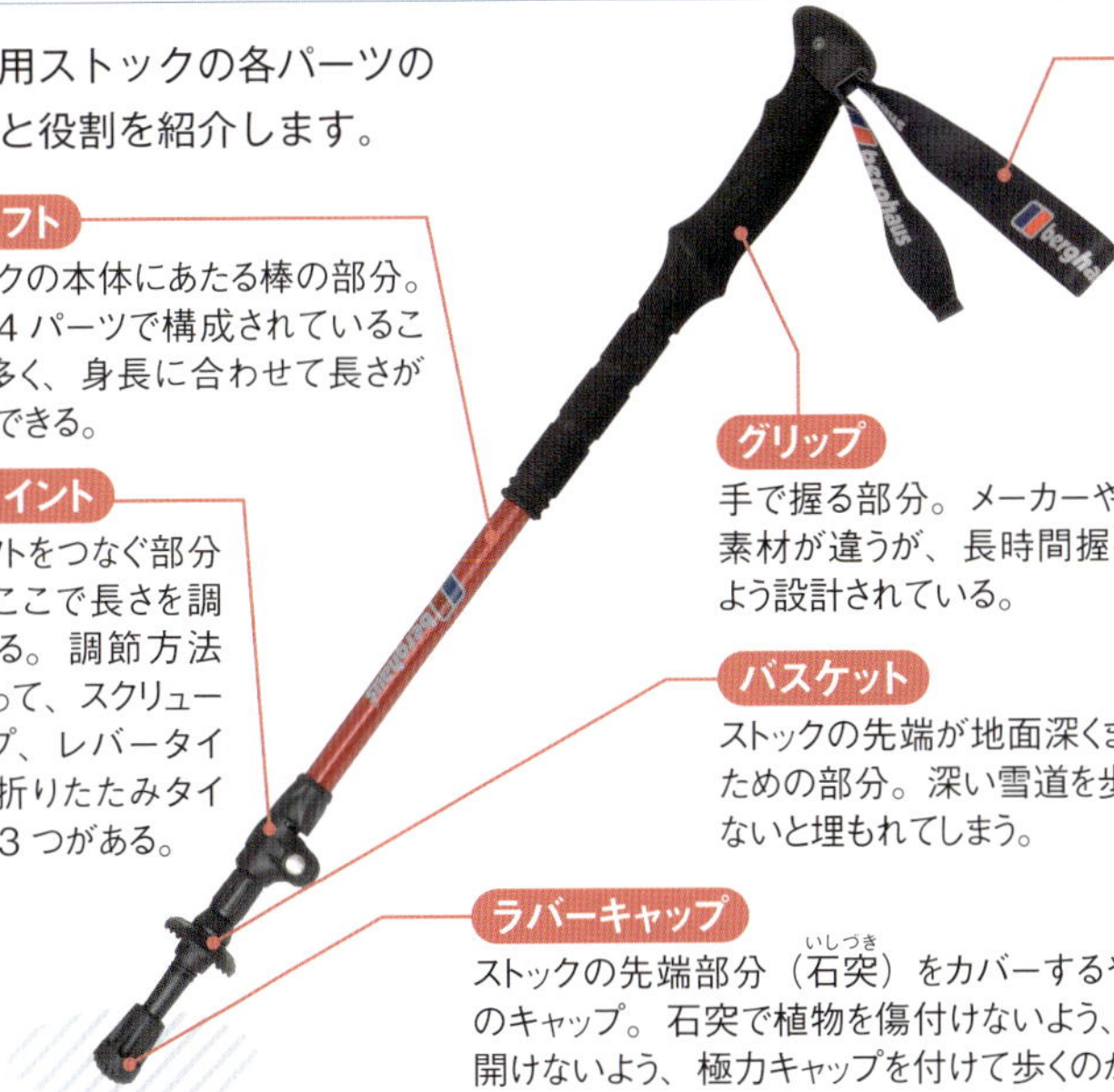

ストラップ
手首を通す部分。ストックを落とさないようにするほか、特に登りではグリップを握る手をサポートし、推進力を得る役割もある。

シャフト
ストックの本体にあたる棒の部分。3～4パーツで構成されていることが多く、身長に合わせて長さが調整できる。

グリップ
手で握る部分。メーカーやモデルによって形状や素材が違うが、長時間握るので、より手になじむよう設計されている。

ジョイント
シャフトをつなぐ部分で、ここで長さを調節する。調節方法によって、スクリュータイプ、レバータイプ、折りたたみタイプの3つがある。

バスケット
ストックの先端が地面深くまで刺さらないようにするための部分。深い雪道を歩く場合は大型に変更しないと埋もれてしまう。

ラバーキャップ
ストックの先端部分（石突《いしづき》）をカバーするやわらかいゴム製のキャップ。石突で植物を傷付けないよう、また地面に穴を開けないよう、極力キャップを付けて歩くのが望ましい。

TRIVIA 【山と体5】下山後のむくみは、登山中の脱水により尿を減らすホルモンが分泌されるために、半日から2日程度続く。（『安全登山の基礎知識』2015年スキージャーナル）

ストック選びのポイント

ストック選びでは、軽さ、強度、操作性、収納性などを考慮しましょう。
それらは、シャフトの素材と長さ調節の方法で決まります。

POINT 1 シャフトの素材

アルミニウム、カーボンファイバー（炭素繊維）、ジュラルミンがよく使われる。ジュラルミンはやや重量がかさむが比較的安価で強度があることが特徴。一方、アルミニウムやカーボンファイバーは軽いことが特徴だが、値段がやや高め。

アルミニウム（上）とカーボンファイバー（下）

POINT 2 長さ調節の方法

スクリュータイプ

シャフトを回して長さを調節するタイプ。一般的に強度があり、レバータイプよりも軽い。

レバータイプ

レバーの開閉によりワンタッチで伸縮が可能。相対的に重量がかさむのがデメリット。

折りたたみタイプ

ケーブルでつながれた分割シャフトを折りたたむ。軽量だが、長さ調節ができないものもあるので注意。

最大の長さもいろいろ

長さ調節が大切なんですね!

TRIVIA 【山と体6】2008年に二度目のエベレストを目指した三浦雄一郎は、片足に8kgのアンクルウエイトを付け、30kgの荷を背負って1時間以上歩いた。2013年には80歳で三度目のエベレスト登頂を果たす。

ストックのメンテナンス

シャフトには雨水やほこりがたまりやすいので、登山後は毎回ストックを分解してきれいにしましょう。安全な山歩きにもつながります。

1 バラバラに分解する

シャフトのロックをゆるめ、すべてのパーツを分解する。

2 布で拭き、乾燥させる

水分が残っているとさびるので、よく拭き取って、分解した状態でよく乾燥させる。

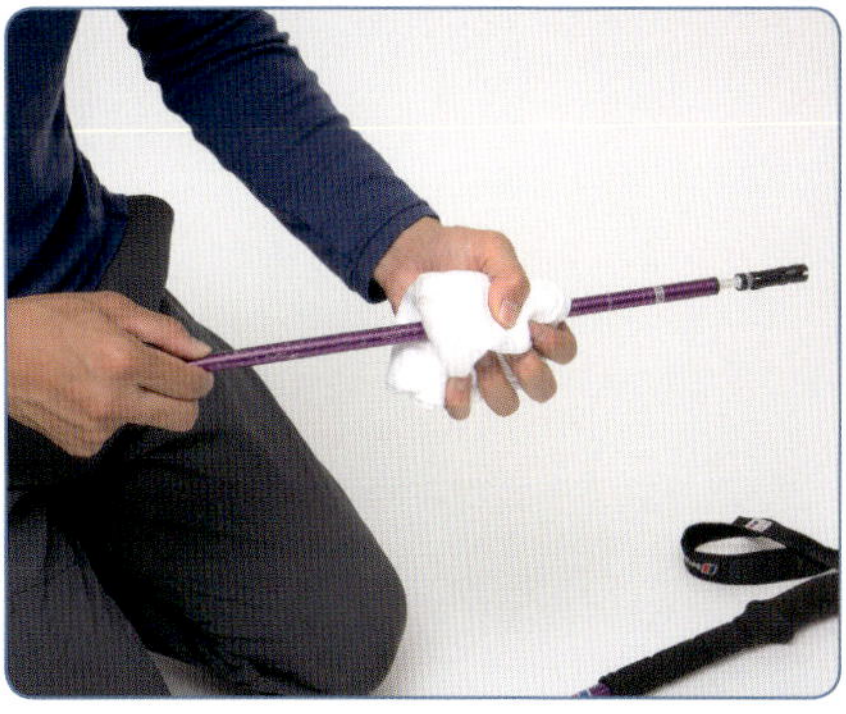

特にこの部分に砂が入り込みやすいので、ていねいに取り除く

TRIVIA 【山と体7】早足歩行トレーニング。中高年の男性は分速80～110m、中高年の女性は60～90mのスピードで1日30分以上。1回10分以上で2回に分けても可。(『登山の体をつくる』大森義彦、2004年東京新聞出版局)

山で役立つ必須&便利アイテム

山歩きグッズ

登山靴、バックパック、ストックのほかにも、
山歩きに持っていくべきアイテムがいろいろとあります。
必需品から便利グッズまで、山道具を紹介しましょう。

目的に合わせて取捨選択を

山歩きの際に身に付けたりバックパックに詰めたりするのは、各種ウェアと登山靴、ストックだけではありません。そのほかにも、山歩きを安全で快適なものにするための、さまざまなグッズがあります。

ここでは、水筒、ヘッドランプ、地図、コンパス、非常用グッズなどの必需品に加え、あると便利なアイテムや女性向けのグッズも紹介しています。

ただ、山歩きでは少しでも荷物を軽く、かつコンパクトにしたいもの。あれもこれもと欲張って持っていくと、大変なことになります。山歩きの目的やスタイルに合わせ、自分にとって何が必要かをよく考えて、取捨選択しましょう。

ハイドレーション

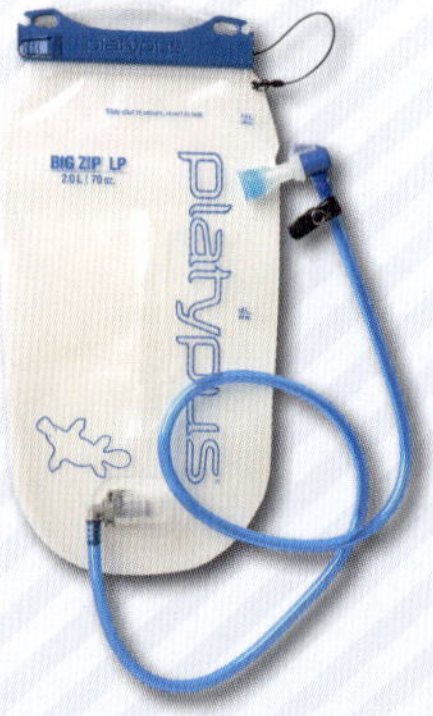

吸引チューブが取り付けられたソフトボトルをバックパックに入れたまま、歩きながら水分補給ができる便利なシステム。こまめな給水が可能で、ソフトボトルは軽くてコンパクト。

水筒

水分補給のため水筒は必須。材質・軽さ・強度・飲み口の形など、さまざまなタイプがある。軽量で十分な容量のものを選ぼう。寒いときには魔法瓶に温かい飲み物を入れていくとよい。

TRIVIA 【山と体8】高山病は2400m以上になると頭痛、倦怠感、むくみ、吐き気が起こる症状で、脱水や疲労しているときに起こりやすい。(『実例から学べる！山の病気とケガ』野口いづみ、2013年山と渓谷社)

サングラス

標高が高くなるほど紫外線が強くなるので、目を保護するためにサングラスは必携。紫外線のほか、砂ぼこりなどからも目を守ってくれる。試着してよくフィットするものを選ぼう。

ヘッドランプ

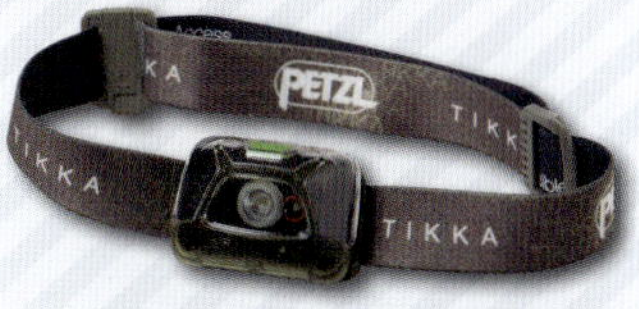

山歩きの必須アイテム。日が暮れてしまうと山中は真っ暗になるので、万が一に備えて日帰りでも必ず持っていくこと。両手が空くので安全に歩くことができる。

マップケース

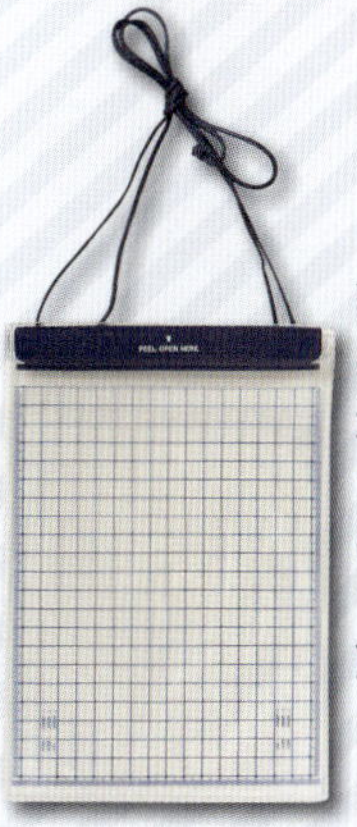

雨で地図が濡れるのを防ぐための防水ケース。首からかけて使用するもの、ロール状にしてバックパックに取り付けるものなど、さまざまなタイプがある。

地図

「山と高原地図 八ヶ岳 蓼科・美ヶ原・霧ヶ峰 2017」(昭文社発行)

道迷いに備え、登山用の地図は必ず持参する。スマホの登山地図アプリも便利だが、電池切れや端末トラブルを想定して、紙の地図も必要。濡れないようにマップケースに入れよう。

コンパス

安全な山歩きのため、地図と同様に必須のアイテム。地図と一緒に使いやすいプレートタイプがおすすめ。きちんと使えるよう事前に練習しておこう（→ P.25）。

TRIVIA 【山と人 1】小泉進次郎（1981～、自民党）は、大学生時代に富士山に登り、九合目から頂上までの様子を「一歩がダッシュのよう。そういった感覚を持って登ったことを今でも自分の骨が覚えている」と語った。

登山用 GPS

衛星による情報で現在位置を示してくれる小型のナビゲーションシステム。スマホの GPS アプリと比べて、現在地を計測する精度が高くて早いのがメリット。電池の持ちもよい。

腕時計

山歩きではペース確認・スケジュール管理が大切。スマホでもよいが、出し入れの手間を考えると腕時計が便利だ。高度、気圧、温度、方位などが計測できるものや、GPS が付いた高機能な登山用腕時計もある。

熊よけ鈴

山によっては熊が出る可能性があるため、安全対策として持っていこう。人里や山小屋などでほかの人の迷惑にならないよう、消音機能が付いているものもある。

ホイッスル（笛）

非常時に大きな音を出して自分を発見してもらいやすくするためのアイテム。声よりもずっと聞こえやすい。必ず持参すること。

ライター／マッチ

非常用にひとつは持っていくこと。電子ライターは気圧が低い高山帯では着火性が悪くなるので、ヤスリと発火石をすり合わせて発生した火花で着火させるフリント式のライターやターボライターを。

TRIVIA 【山と人2】橋本龍太郎（1937～2006年、第17代自民党総裁）は海外遠征登山隊の指揮をとった登山家でもある。エベレストの麓、タンボチェの丘に慰霊碑が建てられた。登山家の野口健とも親交が厚かった。

ナイフ

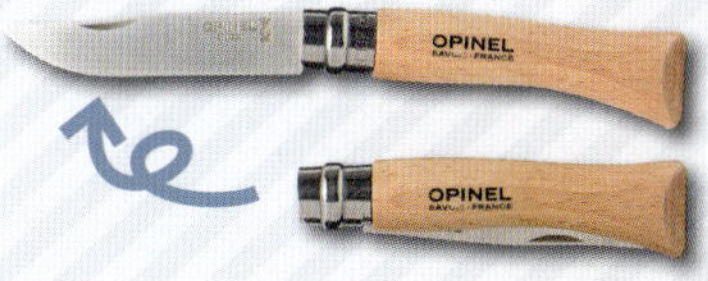

いざというときに備えてナイフを用意しておこう。簡単な調理にも使えて便利。万能ナイフ（スイスアーミーナイフ）や折りたたみ式ナイフなら、安全かつコンパクトに持ち運ぶことができる。

お湯を入れるだけで本格的なコーヒーが

山で美味しいコーヒーが飲みたいけれど、ドリッパーやペーパーフィルターなどを一式持っていくのは荷物になる…。そんな人におすすめなのが、お湯を入れるだけで本格的なコーヒーが飲めるパック。パックの中にはスペシャルティコーヒーとフィルターが入っていて、お湯を注いで数分待つだけで美味しいコーヒーが簡単にできます。

グロワーズカップ
COFFEE BREWER

カップ

山で飲み物を飲むためにあると便利。プラスチック製のものから、チタン製やシリコン製のカップなど、さまざまな材質・形状がある。シェラカップ（→ P.159）でもよい。

折りたたみ座布団

適度なクッション性のある、折りたたみ式の携帯座布団。濡れている場所や岩場などで休憩するときや、山でごはんを食べるときに重宝する。

TRIVIA 【山と人3】不破哲三（1930～、元日本共産党議長）は南アルプスに惹かれ、1988年（58歳）の仙丈ケ岳から、2000年（70歳）の早川尾根まで、13年間かけて夏の南アルプスの主要3000m級の十三座に登頂。

タオル

軽量で速乾性が高いものだと使い勝手がよい。水に濡らして拭くだけで臭いやベタつきが除去できるナノ繊維のタオル（右）や、マイクロファイバー使用の軽量タオル（左）がおすすめ。

ビニール袋

密閉できるジッパー付きのものやレジ袋など、ゴミや濡れたウェアなどを入れるためにビニール袋を何枚か用意しておこう。

日焼け止め

標高が高くなると紫外線が強くなるので、日焼け対策はしっかりと。SPF・PA値が高く、サラッとしたつけ心地のものがおすすめ。行動中に使うならスプレータイプが便利だ。UVカットのリップクリームで唇ケアも忘れずに。

TRIVIA 【山と人4】「歴史と信仰の山を訪ねて」の題で寄稿された『山岳』（2016年日本山岳会）によると、皇太子徳仁親王は登山を5歳に始め、北は北海道の利尻山から南は鹿児島県の開聞岳まで、170余りの山を登られた。

除菌・消臭剤

アルコールフリー、無色無臭の消臭・除菌スプレー。夏場や、お風呂に入れない縦走などで、臭いが気になるときに重宝する。携帯サイズなのでかさばらない。

虫よけグッズ

快適な山歩きのために用意しておこう。一般的な虫よけでもよいが、天然成分の虫よけスプレー(右)やハッカ油（左）なら肌にやさしい。ハッカ油は薄めてスプレーにしてもよい。

山小屋での宿泊時に
スプレーするとスッキリ

皮脂・汚れを除去し、気になる臭いを抑える「水のいらないシャンプー」。頭皮・ボディの消臭ミストとしても使える。

スキンケア&ボディケアグッズ

メイクや皮脂などの汚れを取り除く、拭き取りタイプの「水のいらないクレンジング&洗顔シート」。

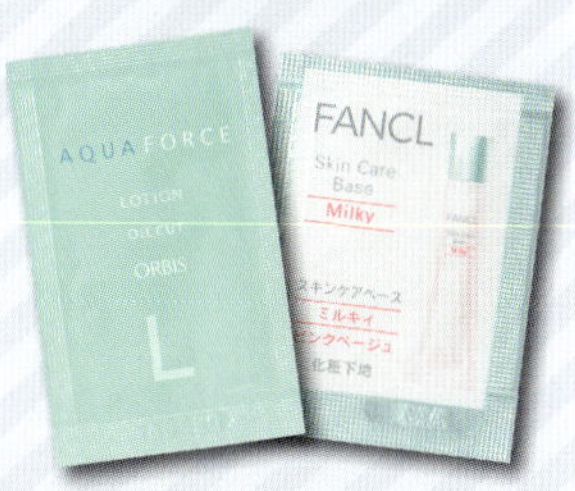

顔や体を拭くのに便利なのが赤ちゃん用おしり拭き。大判で使いやすく、ノンアルコールなので肌にもやさしい。

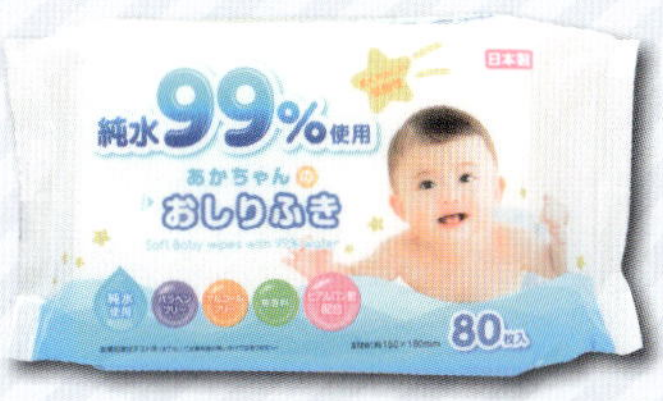

スキンケア・メイク用のアイテムは、小分けになった使い切りのサンプルが便利。

TRIVIA 【山のレース1】「KOBE六甲全山縦走大会」は走るのではなく歩く大会。2017年で43回目。早朝から夜にかけて、須磨から宝塚まで公称56㎞を縦走。「自分の力で、自分の責任で、楽しく、そして厳しく歩く」祭典。

非常用グッズ

ファーストエイドキット

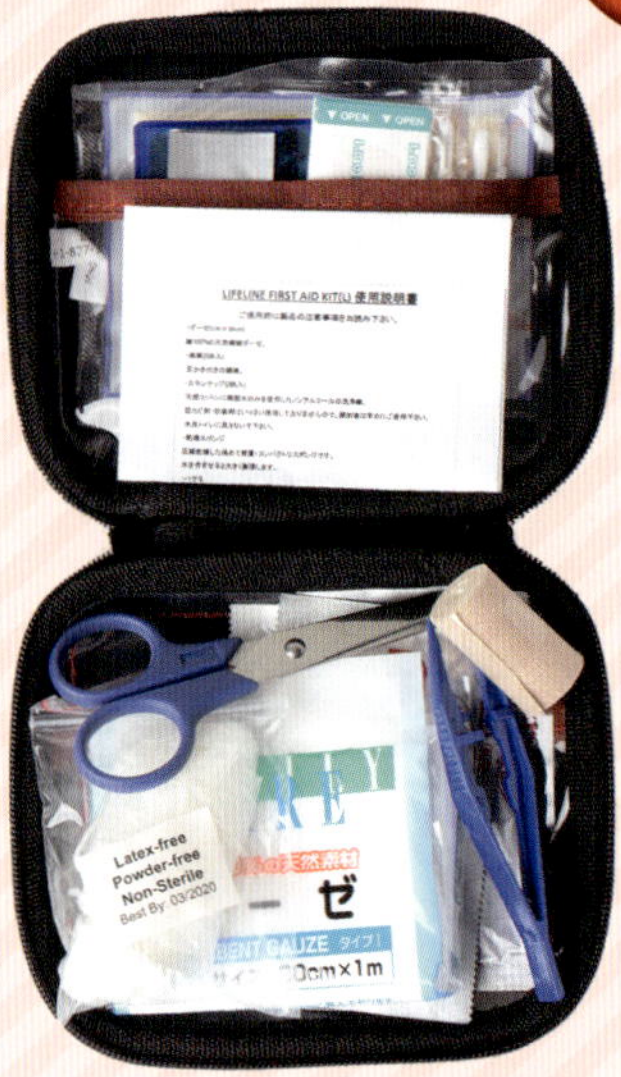

万が一のケガに備え、救急セットは必ず持参。必要なものが入ったファーストエイドキットが便利だ。（中身の詳細は P.137 参照）

ツェルト

悪天候時の休憩や、やむを得ずビバーク（野営）する際に使用する緊急避難用テント。軽量で、1～2人用や2～3人用など、さまざまなサイズがある。

エマージェンシーシート

非常時や災害時に、包まると体温低下を防いでくれる特殊なシート。断熱・遮熱・防寒・保温の効果があり、テント泊のときも役立つ。

TRIVIA 【山のレース2】「日本山岳耐久レース」は、奥多摩の山々を一周する。三頭山、御前山、大岳山の頂上を通過し全長71.5㎞を24時間以内で走破。世界的クライマー長谷川恒男の偉業を称え「ハセツネ」の名称も。

気軽に山歩きが始められる

山道具のレンタル

山歩きははじめてという人が、必要な道具を一度にすべて買いそろえるのはなかなか大変です。そんなときは山道具のレンタルサービスを利用してみてもよいでしょう。

レンタルなら気軽に試せる

登山靴やバックパックをはじめ、山道具を一通りそろえるには、それなりのお金がかかります。「山歩きを始めたいけど、ずっと続けられるかどうかわからないので、山道具を買いそろえるのはハードルが高い」「山には頻繁に行けないので、山道具をたまにしか使わなかったらもったいない」「お金に余裕がなく、一度にすべての装備をそろえるのは難しい」。このように思う人も少なくないのでは…。

　そんな人におすすめしたいのが、山道具のレンタルサービスです。はじめての山歩きではレンタル用品を使用し、そこで「今後も山歩きを続けていきたい」と思ったら、購入を考えてみるとよいでしょう。

ネットで注文できメンテナンス不要

山道具のレンタルは、予定に合わせて借りたいものをインターネットなどで注文し、登山が終了したら返却するというシンプルなしくみ。山歩きのスタイルに合わせて、登山靴やストックだけをレンタルできたり、必要な装備一式をまとめてレンタルできたりと、プランを選べることが魅力です。

　山歩きは天気や体調に左右されるので、大雨や体調不良でやむなく中止せざるを得ない場合もあります。そんなときも、利用予定日の前日までに連絡を入れればキャンセル料が発生せず、全額返金してもらえるレンタルサービスがほとんど。キャンセル料を気にして無理に登山を決行する必要はありません。

　使用後はメンテナンスや洗濯の必要もなく、そのまま返却するだけ。山道具の準備やメンテナンスになかなか時間が取れないという忙しい人でも、レンタルを利用すれば、山歩きがぐっと身近になります。

　しかし、道具を買いそろえたとしても2～3回の山歩きでレンタルよりも安くなりますし、何よりも自分に合う道具をそろえたほうが快適な山歩きを楽しむことができるでしょう。

レンタルなら準備もラクチン

TRIVIA 【山のレース3】「富士登山競走」は、富士山頂を目指す過酷な山岳マラソン大会。富士吉田市から五合目までのコース（約15㎞、標高差1480m）と頂上までのコース（約21㎞、標高差3000m）がある。参加資格が必要。

詰め方で体感する重さが変わる！

パッキングのコツ

バックパックのどこに何を詰めるかによって、
バランスや体感する重さが変わってきます。
歩きやすいパッキングのコツを押さえましょう。

パッキングの基本

山歩きの快適さは、パッキングの仕方に影響されます。荷物が片寄っているとバランスが悪くて歩きにくく、また、すぐに出したいものがバックパックの底にあると不便です。体への負担が少なく、荷物の出し入れがしやすいパッキングは、快適で安全な山歩きにつながります。

パッキングの基本は、できるだけ空間を作らないこと。そして、腰・肩・背面の3点でうまく荷重を分散させるため、底面には軽いもの、背面には一番重いもの、上部には比較的重いものを詰めましょう。

また、重さに関係なく、よく使うものは上部に、あまり使わないものは底のほうに。外側のポケットやウエストポーチなども上手に活用しましょう。

基本的なパッキング

1 よく使うもの・緊急時に必要なもの
頻繁に取り出す行動食、緊急時に使うヘッドランプや救急セットなど

2 必要なときすぐに取り出すもの
雨具（上下に分けておくとよい）やトイレセット、ミドルレイヤーなど

3 重量があるもの
行動中に使わない調理器具や予備の行動食、水（ハイドレーション）など

4 あまり使わないもの
山小屋に着いてから取り出す着替えや洗面用具、防寒着、薬など

防水対策はスタッフバッグで

パッキングで重要なのは防水。バックパック自体に防水機能はほとんどないので、雨が降っても中身が濡れないように防水対策が必要です。着替えや防寒着など、絶対に濡らしたくないものは、防水機能のあるスタッフバッグに入れましょう。さまざまなサイズ・素材のものがあるので、いくつか用意して、道具・ウェアを使う場面やジャンルごとに小分けにすると、探しやすく出し入れもスムーズです。

レインカバー+スタッフバッグで防水対策

スタッフバッグの使い方

絶対に濡らしたくないものは、防水スタッフバッグに入れましょう。圧縮すればコンパクトに！

1

ウェアをたたんでスタッフバッグに入れる。

2

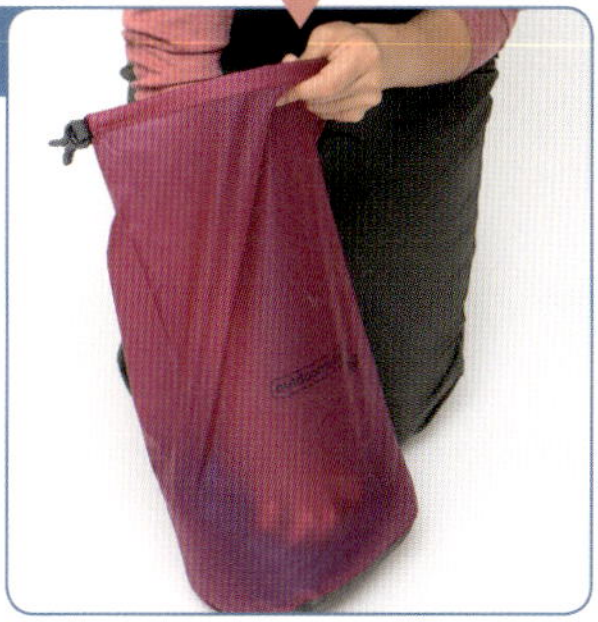

スタッフバッグの底までギュッと押し込む。

3

体重をかけて上から手で押し、空気を抜く。

4

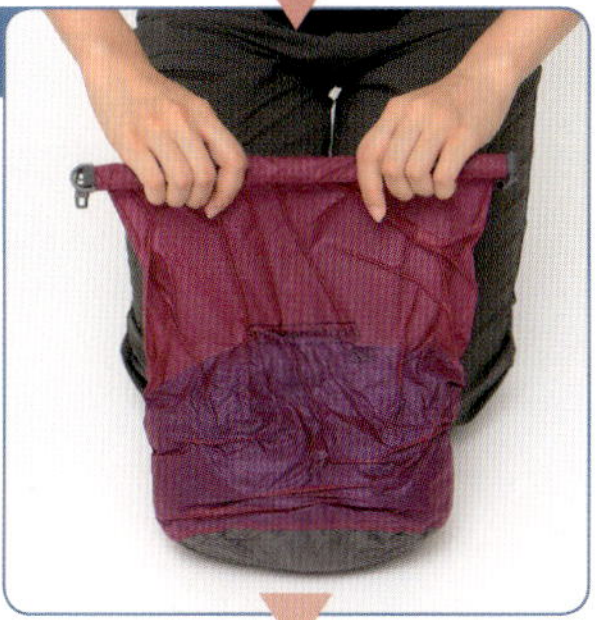

口の部分をクルクルと下のほうに巻いていく。

5

口を巻き終わったら、バックルを締めてコンパクトに。

TRIVIA【山のレース4】「トランスジャパンアルプスレース」は、富山湾から駿河湾まで全長約415㎞を走破。制限時間は192時間（8日間）。北アルプス、中央アルプス、南アルプスを経てゴールへ。参加資格や条件は厳しい。

目的・スタイルに合わせて荷造りを

山歩きの持ち物リスト

日帰りか山小屋泊か、また山歩きのスタイルによって、
ウェアや道具類など必要な持ち物は変わってきます。
以下の表を参考に、自分なりのパッキングを！

マーク説明　◎必ず必要　○持っていったほうがよい　△あると便利　×なくてもよい

	アイテム	日帰り	山小屋泊	✓	備考
ウェア類	ミドルレイヤー	◎	◎		フリース、シャツ、インサレーションウェアなど
	ベースレイヤー	◎	◎		Tシャツ、ロングスリーブなど
	下着	◎	◎		吸汗・速乾素材のものを
	ボトムス	◎	◎		ロングパンツ、ショートパンツなど
	タイツ	◎	◎		着圧機能・サポート機能があるものを
	ソックス	○	◎		雨に備えて予備も用意する
	予備の着替え	△	◎		ベースレイヤーの予備があると安心
	レインウェア（上下）	◎	◎		上下セパレートの登山用のものを
	ダウンジャケット	○	◎		防寒用に。防水スタッフバッグに入れる
	帽子	◎	◎		日よけ、または防寒用（ニットキャップ）
	グローブ	○	○		防寒用、または日焼け防止に
	ゲイター	○	○		雨天時やぬかるんだ道、砂利道などで
	アームカバー	△	△		日差しが強いときの日焼け対策に
	ネックゲイター	△	△		防寒用、または日焼け防止に
行動中の道具	登山靴	◎	◎		本番までにはき慣らしておく
	バックパック	◎	◎		日帰り～山小屋1・2泊なら30ℓ程度で
	レインカバー	◎	◎		バックパックが濡れないように
	ストック	○	○		使わないときはバックパックの外側に装着
	水筒・ハイドレーション	◎	◎		1ℓ以上のものを。寒いときは保温タイプも
小物類	ヘッドランプ&予備電池	◎	◎		日帰りでも必携。予備の電池も用意する
	地図&コンパス	◎	◎		ビニール袋やマップケースに入れて防水
	腕時計（防水）	◎	◎		携帯電話だけでなく腕時計も必要
	サングラス	△	△		日差しや砂ぼこりから目を保護する
	財布&現金	◎	◎		トイレ用に小銭を多めに用意する
	携帯電話&予備バッテリー	◎	◎		緊急連絡用に。バッテリーは極力温存する
	保険証・本人確認書類	◎	◎		万が一ケガなどで病院に行く場合に必要
	登山計画書	◎	◎		提出分以外に、自分の控えも用意する

小物類	筆記用具	△	△		記録用にメモ帳とペンがあると便利
	デジタルカメラ	△	△		コンパクトで防水のものがベター
	双眼鏡	△	△		動物などの観察用に
	ライター・マッチ	◎	◎		万が一に備えて用意しておく
	万能ナイフ	△	○		調理以外にも何かと役立つ
	防水ケース	○	○		小物や登山地図などの防水に
	ジッパー付きビニール袋	◎	◎		ゴミや濡れたものなどを入れる
	サコッシュ・サブバッグ	△	○		頻繁に使うものを入れておくと便利
非常用グッズ	ファーストエイドキット	◎	◎		よく使うもの・使わないものに分けておく
	ツェルト	◎	◎		非常時、体に巻くと保温になる
	ホイッスル(笛)	◎	◎		非常時の発信や応答用に必須
	熊よけ鈴	△	△		熊よけのためバックパックに装着する
食料・調理道具	行動食	◎	◎		できるだけ包装をはずしてコンパクトに
	予備の水	○	○		山小屋などで補充できる場合もある
	非常用食料	○	◎		調理なしで食べられる高カロリーのもの
	カップ	△	○		シェラカップやシリコンコップなど
	バーナー&ガスカートリッジ	△	△		お湯を沸かしたり山ごはんを作ったり
	クッカー(コッヘル)	△	△		軽量でコンパクトなものを
	カトラリー	△	△		箸、スプーン、フォークなど
	食材	△	△		下準備をしていくなど工夫して
生活道具・宿泊グッズなど	タオル	◎	◎		かさばらず吸水性の高いものが便利
	ティッシュ	◎	◎		ポケットティッシュをいくつか用意
	ウェットティッシュ	○	○		手を洗う代わりに
	トイレットペーパー	○	◎		ティッシュに追加して持っていくと安心
	洗面用具	×	◎		クレンジングシートや化粧水など
	歯ブラシ	×	○		歯磨き粉は使えないので歯磨きガムで代用
	メイク用品	△	△		試供品などを利用してコンパクトに
	コンパクトミラー	○	◎		非常時には反射鏡としても使える
	ボディシート	△	○		ベビー用おしり拭きでもOK
	日焼け止め	○	○		行動中の塗り直しはスプレータイプが便利
	虫よけ&虫刺され薬	○	○		かさばらないよう小さいサイズのものを
	生理用品	○	○		生理中でない場合も入れておくと安心
	常備薬	◎	◎		鎮痛剤や胃腸薬など健康状態に合わせて
	耳栓	×	○		山小屋で安眠するために
	カイロ	△	△		寒い時期の山歩きや山小屋泊用に
	メガネ・コンタクト	△	△		必要に応じて(念のため予備も用意)
	寝袋(シュラフ)	×	△		山小屋の布団が心配なら薄いものを
	LEDランタン	×	△		手元を照らすほかメイク時などに
その他	スニーカー・サンダル	×	△		集合場所までの移動時や山小屋内で
	温泉セット	△	△		下山後に温泉に立ち寄るなら
	折りたたみ傘	△	△		移動時が雨の場合は携行する

※雪山の持ち物リストではありません

おとな女子登山部

私たちの愛用山グッズ

おとな女子登山部のメンバーは、山ウェアだけでなく山グッズにもこだわりが。山歩きを快適に、そして楽しくする、部員たちの愛用山グッズを紹介します！

ニコ

テント泊の縦走登山を中心に、東北の山や南アルプスによく出没している。好きな言葉は「どんぶり勘定」。

山道具選びの基準はデザインよりも快適性。軽さも考えてたどり着いたのは、可能な限りの「ハンドメイド」です。ムダを省きつつ、“自分らしく”をモットーに！

❶汗による冷えを感じにくく、素材の特性で体臭が匂いにくいメリノウールのウェア。実用性と着心地のよさは抜群!
❷アルファ米にお湯を注いでからこの保温袋（ハンドメイド）に入れれば、省エネクッキング&保温が可能。行動中は携帯電話やバッテリーを入れてバッテリーの消耗対策に。
❸雨天時だけでなく高山や冬場の防寒対策にもなる防水グローブ。
❹行動中に地図や行動食、財布を入れるサコッシュ。すべてお父さんの手作りで、お守り代わりにも。
❺お風呂に入れない登山では、髪型がイマイチ…。このヘアバンドで寝ぐせもオシャレに解決?!

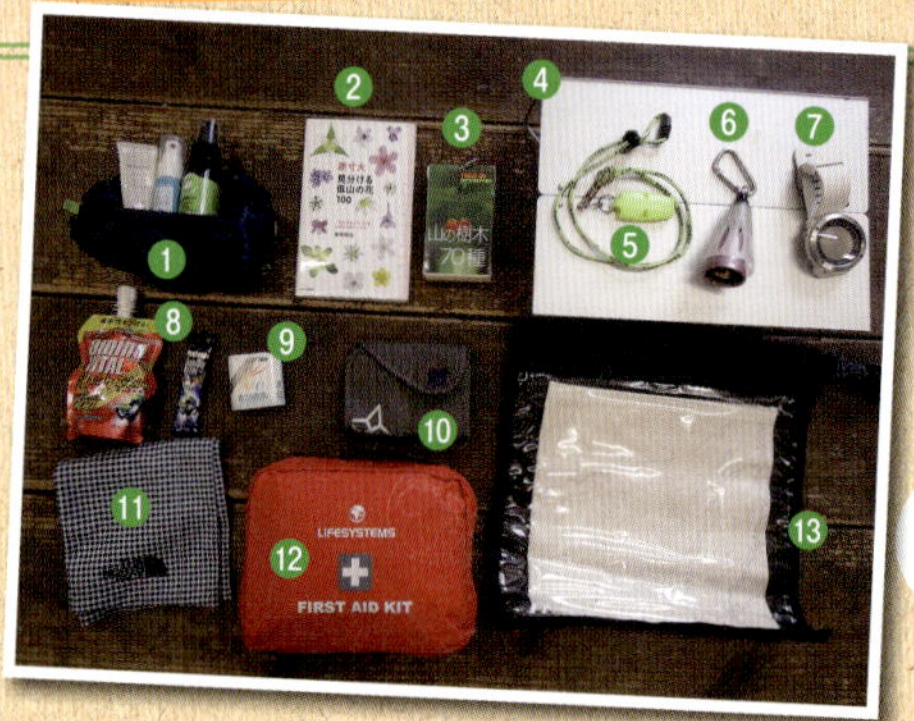

つじまい

夏は沢登り、冬はスノーハイキング。テント泊はオールシーズンで楽しんでいる。屋久島と奈良の山が好き。

単独で山に入ることが多いので、ファーストエイドキットやホイッスル、地形図などは必ず携行しています。花の時期には図鑑を見ながら歩くことも。

❶化粧品や虫よけ、鍵など細々したものを入れる軽量&止水ファスナーのポーチ。
❷花が原寸大の写真で掲載されたポケット図鑑。同定しやすいのがポイント。
❸花期順に並べられたポケットサイズのカード。すぐに木の種類が見分けられる。
❹テント泊なら必ず持っていくミニテーブル。ワンアクションで折りたたみができて便利。
❺緊急用のホイッスル。
❻熊よけ鈴。引っ張るだけで音が消えるので、電車やお店でもうるさくない。
❼GPS付きのアウトドアウォッチ。自分の軌跡を表示できるので、道迷いしにくい。
❽行動食としてアミノ酸が摂取できるゼリーと顆粒。体力回復や、翌日の筋肉痛を和らげる効果が。
❾ミネラルイオンを酸素とともにバランスよく吸収できる健康食品。
❿普段の財布とは別にコンパクトな山用の財布があると便利。
⓫日焼け対策でネックゲイターにしたり、山小屋泊で頭にかぶったりと、使い道が多いアイテム。
⓬中が小分けになったファーストエイドケース。
⓭2万5000分の1地形図を収納するマップケース。コンパスと一緒に使っている。

CHAPTER

4

山歩きに挑戦しよう!

山歩きの基本を知る

The basics of mountain hiking

山歩きの計画を立て、ウェア・道具を準備したら、
いよいよ山歩きに挑戦です！
山歩きを安全で快適なものにするため、
山歩きのコツ、さまざまな登山道の歩き方、
ストックの使い方、休憩や山歩きのマナーなど、
山歩きに必要な知識を押さえましょう。

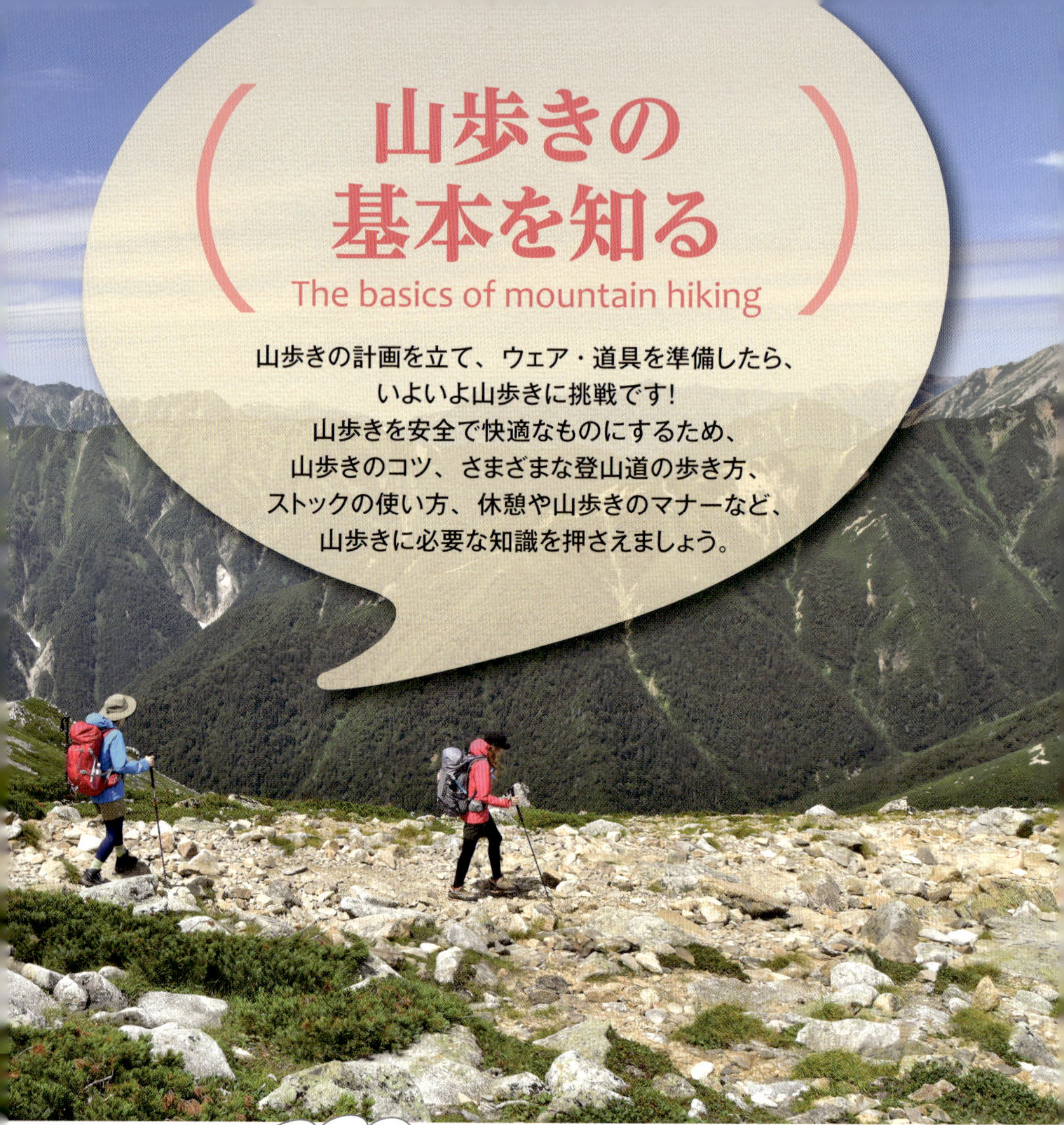

POINT

- 山歩きの技術は？
- 難所の歩き方のポイントは？
- ストックの使い方は？
- 効果的な休憩って？
- 水分・栄養補給と行動食は？
- 山歩きのマナーは？
- 安全対策はどうすればよい？

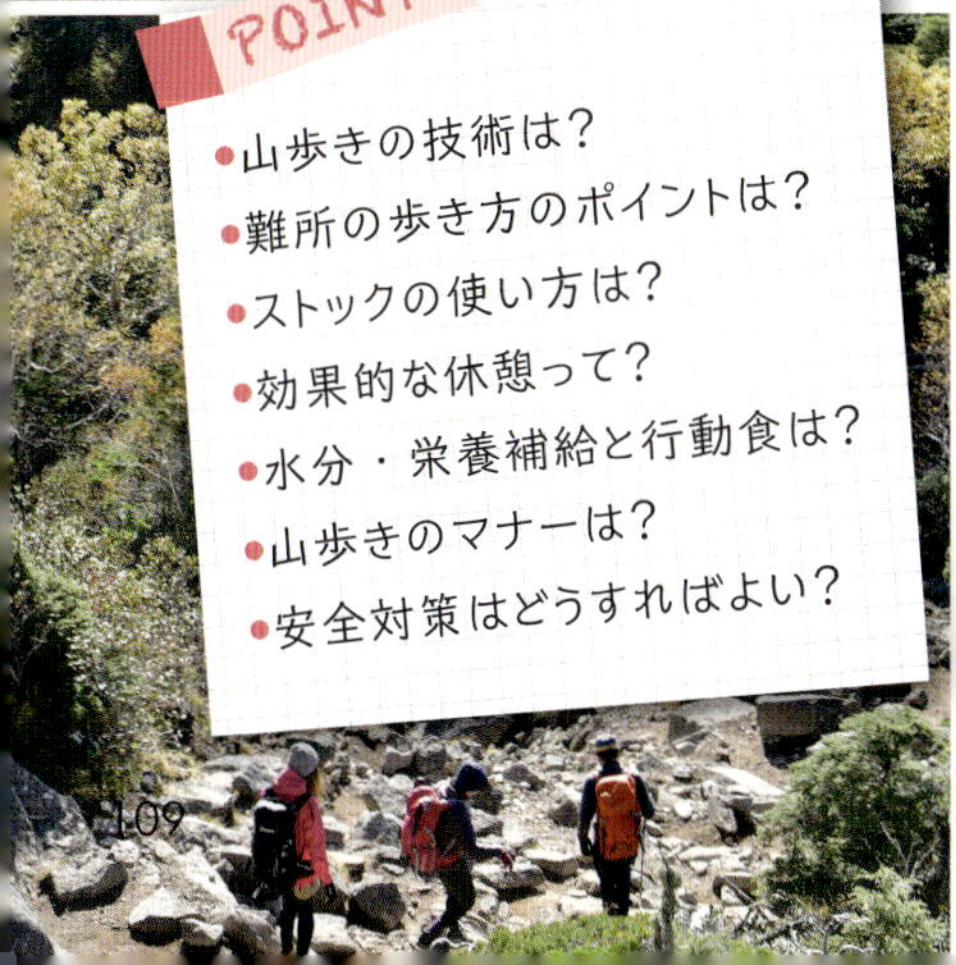

山の歩き方にはコツがある！

山歩きの技術

“歩く”という単純な行為も、山歩きとなると
ノウハウとコツがあります。出発直前の準備、
疲れにくい歩き方など、ポイントを押さえましょう！

まずは準備体操から

登山口に到着して、すぐに出発するのはNG。はやる気持ちをグッと抑えて、まずは準備運動から始めましょう。

準備運動をする目的は、体を温めて筋肉をほぐし、体と頭を「登山モード」に切り替えること。また、その日の体の状態や体調を確認することも目的のひとつです。

もっとも、登山前の体操でスタミナを消費してしまっては元も子もありませんから、凝った体操プログラムを組む必要はなく、かける時間も5～10分程度で構いません。軽くストレッチをするなどして、体をほぐすことを意識しましょう。

準備運動のポイントは、上半身から始めること。いきなり脚の屈伸をしたりアキレス腱を伸ばしたりすると、筋を痛めたりすることがあるので、注意してください。

普段よりもゆっくり歩きで

山では、平地と同じペースで歩く必要はありません。リラックスして、ゆっくり歩くことを意識してください。登頂時間を競っているわけではないので、苦しさを感じない程度のペースで歩きましょう。

歩き始める前に装備をチェック！

準備体操とともに、出発前に怠ることができないのが装備のチェック。装備に不備がないか、バックパックの背負い心地が悪くないか、靴ひもが緩んでいないかなどをチェックしよう。また、出発直前にあらかじめウェアを１枚脱いでおくのがおすすめ。歩きだすとすぐに体が温まるため、少し肌寒く感じるくらいがちょうどよい（天候によって調整が必要）。

出発前に装備の確認を

スタート前に靴ひもをチェック

TRIVIA 【山小屋１】山小屋のトイレは、宿泊者以外は基本有料。歩く時間が長いコースでは携帯トイレが安心。専門店やネットで購入可能。映画『ロング・トレイル！』では、後始末用のシャベルが登山者の必需品としている。

出発前の準備運動

準備運動は上半身から始めることがポイント。最低限、以下のストレッチを行いましょう。首や腕を回して肩回りの筋肉をほぐしたり、体側筋を伸ばしたりするのも◎。

腕のストレッチ

腕を伸ばして胸の前に持っていき、もう一方の腕でひじを押さえて自分の胸に引きつけるようにして、5秒ほどストレッチする。腕を替えて左右ともよく伸ばす。腕の位置、引っ張る方向などを変えると、肩回りのさまざまな筋肉のストレッチになる。

開脚ストレッチ

両脚を肩幅よりも広く開いてひざを曲げ、ひざの上に手を置く。右ひじを曲げて左ひじを伸ばすようにしながら、左肩を前へ入れ込むようにし、気持ちよく感じるところで5秒間ほどキープ。次に逆側も行い、背・腰・股を伸ばす。

TRIVIA 【山小屋2】山小屋の水事情は、雨水を浄化して飲料とする小屋、水源が近くにある小屋、歩荷が運ぶ小屋などさまざま。水の確保が厳しい山小屋では、宿泊者以外は有料に。水が豊富だと風呂まで入れる山小屋もある。

余力を残せるペースで歩く

準備運動と装備の確認を終えたら、いよいよ山歩きのスタートです。もっとも、準備運動を済ませたからといって、体はまだ十分に温まっていませんし、関節もまだ慣れていません。最初は、意識的にゆっくり歩くことを心がけてください。

山歩きは、大きく分けて「登り」と「下り」の2つのパートで構成されます。山頂に到着した時点で「登山は終了」というイメージを持っている人が多いのですが、山歩きで大変なのはむしろ下山のパート。体にかかる負荷は、登りよりも下りのほうが大きくなります。下山時に体力を残しておくためにも、ゆっくりしたペースで歩いていきましょう。

山歩きのポイント

歩き始めはとにかくゆっくりと長時間バテずに歩き通すことが大切

スタート時は体力が十分にある。登山の長丁場をイメージできない初心者は、どうしてもオーバーペースになりがちなので、意識してゆっくり歩こう。山歩きで最も大切なことは、長時間バテずに歩き通すこと。登りで飛ばしすぎて下山時にバテてしまうと、事故を起こす可能性が高まる。

ゆっくり歩くことを意識する

パーティーで歩く場合は体力がない人を列の２番目に配置

３人以上でのグループ登山の場合、リーダーやサブリーダーが先頭を務め、最も体力がない人や足腰の弱い人を２番目に配置し、全体の様子を見るために最後尾をリーダーかサブリーダーが務める。体力がない人が最後尾を歩くと、遅れてしまった際に先を行くメンバーが最後尾の様子を見ることができないためだ。

体力に自信のない人は２番目に

こまめな温度調整が大切なるべく汗をかかないように

歩き始めて体が温まってきたら、小休止を入れよう。目安は出発から15〜30分後。このときに暑さを感じたら１枚脱ぎ、寒さを感じたら防寒着を着用するなど、こまめに服装の調整を行う。汗をかくと体力を消耗しやすくなるため、なるべく汗をかきにくいペースと服装で歩くことが大切だ。

雨のときも着脱で温度調節を

TRIVIA 【山小屋３】山小屋の電気は自家発電が多い。消灯は午後９時頃が多く、床に就く際にはライトを手元に置くと安心。常夜灯がつくところも多いが、夜中に目が覚めて用を足す際に困るケースも。

疲労を軽減する山歩きの基本姿勢

山歩きで大切なのは、スタミナを無駄に消耗しないこと。そのための、山歩きの基本的な姿勢を紹介しましょう。

山歩きの基本姿勢は、頭から背中にかけてまっすぐな線をつくること。そうすることにより、バックパックを筋肉ではなく骨で支えることができます。歩くときは、足の筋力を使うのではなく、腰を前面に押し出して重心を移動するように心がけると、疲れにくくなります。

パッキングのよしあしでも疲労の度合いが変わってきます（→P．102）。重い荷物は背中の中心付近、体に近い位置に配置しましょう。重い荷物を下部に収納すると、腰や肩に負担がかかって体力を消耗します。

山歩きの基本姿勢

バックパックを体に密着させる
バックパックが揺れにくくなるように調整する（→P.88）。体と一体化させるイメージで

まっすぐな線をつくる
しっかり顔を上げて背筋を伸ばしながら歩く。下を向いた猫背のような状態で歩くと、無駄な筋肉を使って疲れやすくなる。また、背筋が伸びているほうが呼吸も楽に

ひざを曲げて歩く
ひざを伸ばして歩くと後傾になりがち。ひざから動き出す、ひざを曲げる意識をするとよい姿勢で歩ける

重い荷物は背中の中心付近に
重いものを肩部や腰部付近に収納すると、バックパックに体が揺さぶられて体力を消耗しやすくなる

体重を利用した重心移動を心がける
両脚の筋力ではなく、自分の体重を利用して前に進むことが基本

ペースは普段の半分で
街歩きの半分くらいのペースを意識する。おしゃべりしながら歩いても息が切れないペースが理想

TRIVIA 【山小屋4】群馬県谷川岳にある成蹊大学の虹芝《こうし》寮は、1932（昭和7）年に完成した由緒ある山小屋。学生たちが山小屋の資料を取り寄せて勉強し、設計から建築まで携わった。

登るときは とにかく歩幅を狭く

足元が安定するように!

山歩きの基本は「歩幅を狭くすること」です。大股で歩くとバランスが悪くなり、筋力もたくさん必要となるため、体力を消耗しやすくなります。平地を歩くときの半分くらいの歩幅を意識して歩くとよいでしょう。

踏み出した足を着地させる際には、足裏全体が置ける場所を探すこと。山中では、階段のようにフラットな場所はほとんどありません。デコボコしていることが普通なので、なるべく平らな場所に着地することで安定が得られ、それが疲れにくさにつながります。

登るときのポイント

1

2

①歩幅は狭く

後ろの足でけり上げないと登れないくらい歩幅を大きくせず、平地の半分くらいの歩幅で歩くことを意識する

②靴裏全体を地面につける

足裏が水平かつま先下がりに置けると楽

③目線を動かす

足元ばかり見ていると、疲れるうえに楽しくない。数メートル先や遠方も交互に見るようにしよう

④呼吸し続ける

難所を通過するときに体を動かすことに集中しすぎ、力んで呼吸を止めてしまいがちだが、常に呼吸し続けて酸素を取り入れることを意識する

下を向かない!

大股はNG!

TRIVIA 【山小屋5】白馬山荘は、1905（明治38）年に完成した日本最古の営業山小屋。創始者である松沢貞逸（1889-1926）は、当時弱冠16歳であった。現在は日本最大の山岳宿舎となり、収容人数は800人。

下りでは氷の上を歩くイメージで

下りでは「登り以上に歩幅を狭くする」のが基本。下りは勢いが増すため、大股で歩くと踏ん張る力が必要になって疲れます。大きな段差を一気に下ることも禁物。足への衝撃が大きくなって転倒の原因になるので、小さな段差を探しましょう。

かかとから着地すると滑りやすくなるので、氷の上を歩くようなイメージで、足裏全体をそっと着地させることを意識してください。

下山開始時には、かかとでトントンと地面をたたき、靴ひもを足首部分のフックまでかけて締めましょう。つま先に負荷がかかりやすいため、つま先が靴の先端に当たらないようにしましょう。

下るときのポイント

①登り以上に歩幅を狭く

歩幅は、重心が前の足にのせやすい範囲の幅に。斜面の傾斜方向につま先をまっすぐ向けて足を置くと、地面をしっかりグリップできる

②腰を落として重心を低く

重心を低くすると安定しやすい。また、地面に対してなるべく垂直に重心がかかるようにする

③かかとから着地しない

滑りやすくなって危険。氷の上を歩くように、足裏全体での着地を心がけよう

④やや前傾姿勢で

腰を引くと重心が後ろにかかって滑りやすくなるので、前傾姿勢で前の足にしっかりと体重を乗せる

TRIVIA 【山小屋6】尾瀬の長蔵小屋は、1890（明治23）年に平野長蔵（当時20歳）が沼尻に建てた小屋が前身。1915（大正4）年に沼尻から尾瀬沼東岸に移築された。当時から岳人、自然愛好者に親しまれたという。

より慎重・正確な対応を！

さまざまな登山道の歩き方

山には、街中には存在しない難所がたくさんあります。
あらゆる路面状況に対処できるように
難所の歩き方のポイントを押さえましょう。

足元を確認しながら慎重に通過する

整備されている登山道でも、街中の道路のように整っているわけではありません。初心者はなるべく危険度の低いルートを利用すべきですが、どれだけ安全性が高いルートであっても、無数の木の根がむき出しになっていてつまずきやすい地点や、滑落の可能性がある斜面など、通過に注意を要するポイントが存在します。

　このような難所は、足元をよく確認しながら慎重に通過することが鉄則。さらに、さまざまな路面状況に対応できる歩き方を知っておけば、より安全に通過することができます。

　ここでは、山歩き中に遭遇しやすい難所と、安全に通過するコツやノウハウを紹介します。

ガレ場とは？

大小さまざまな石や岩がごろごろと散乱している場所のこと。転がりやすい不安定な石（浮石）が多いため、通過時にはつまずきや転倒、落石などに注意する必要がある。特に下山時は、かかとに体重をかけて歩くと滑りやすくなるため、足裏全体での着地を心がけること。

歩行技術❶ ガレ場

地面に接した石を探す
地面と接していたり土中に半ば埋まっていたりする安定した石を選んで、その上を歩くことが安全に通過するポイント
浮石は、地面に接しているように見えて、実際は石と石の間に挟まって地面から浮いている動きやすい石のこと。浮石に足を乗せるとバランスを崩して転倒しやすくなるので、足をかけないこと。軽く踏んで石の状態を確認しながら前進しよう

TRIVIA 【山小屋7】北アルプスの山小屋の創業年。常念小屋1919（大正8）年、燕山荘1921（大正10）年、殺生ヒュッテ1922（大正11）年、穂高岳山荘1924（大正13）年、槍ヶ岳山荘1926（大正15）年、蝶ヶ岳ヒュッテ1958（昭和33）年。

歩行技術❷ 岩場

無理に遠くの岩を
つかもうとしない！
NG

下りるときも急傾斜
では後ろ向きに
左手を離すときは
右手と両足で、左
足を離すときは右
足と両手で体を確
保する

登山道の中で最も危険度が高い場所。傾斜が緩やかな場合は、手を使わず両脚だけで登ることができるが、斜度がきつい場合は「三点支持」と呼ばれる方法で登り下りする必要がある。三点支持は、両手両足（つまり４か所）のうち必ず３点で体を支え、自由になっている１点を動かして、次の手がかり・足がかりへ体を移動させるという方法。ポイントは、腕を完全に伸ばし切らず、視線より少し上くらいにある手がかりを探してとらえること。基本的に、手はバランスを保つために使用し、体を上に引き上げるときは脚力を使う。足裏全体を置く場所がない場合は、体重が乗せやすい親指のつけ根部分を岩の上に置くと安定する。

歩行技術❸ ザレ場

かたい斜面の上に細かい石や砂が広がっている砂れき地のこと。ガレ場より細かい石がルート上に散乱していることが特徴で、とても滑りやすいため、特に下山時は細心の注意が必要になる。重心を低くして、いつも以上に歩幅を狭くし、一歩一歩、登山靴のグリップを確認しながら歩こう。

歩行技術❹ ロープ

鎖場（→P.118）と同じ要領だが、鎖以上に不安定なため、より注意が必要。設置されてから交換されずに使われ続けているものもあり、強度が著しく低下している場合も。劣化していたら使用しないこと。トラロープなど危険箇所の目印として張られていることもあるので、用途が定かでない場合は使用しない。

歩行技術❺ はしご

ロープと同様、はしごも老朽化していることがある。状態の確認はもちろん、登り下りの最中に崩れたりはずれたりする危険もあるため、グループ登山では必ずひとりずつ通過する。通過時は「三点支持」が基本。はしごにしがみつかず、腕を伸ばし、体とはしごの間に一定の距離を保つようにしよう。

TRIVIA 【山小屋8】「山と渓谷 2016年1月号」泊まってよかった山小屋ランキング、1位は燕山荘、2位は双六小屋、3位は北穂高小屋、4位は穂高岳山荘、5位は槍ヶ岳山荘、6位は唐松岳頂上山荘、7位はヒュッテ大槍。

歩行技術❻ 鎖場

鎖を両手で
つかまない!
鎖に全体重
をかけない
NG

鎖はあくまで
補助

急峻な岩場には、登るための手がかりとして鎖が設置されている。鎖は不安定なため、鎖に身を委ねてしまうと、バランスを崩したときに宙づりになったり左右に大きく振られたりして危険。鎖につかまるより岩をつかんだほうが安定するため、鎖は補助的に使用し、脚を使って登ることを心がけよう。

歩行技術❼ 木の根

なるべく木の
根を踏まない

樹林帯が山全体を覆う低山では、地面の土が削られて無数の木の根がむき出しになっている場所がたくさんある。根の上に足を乗せると、滑りやすいうえ、体力も消耗しやすい。また、雨で濡れたり朝露で湿ったりしていると、想像以上に滑りやすくなる。なるべく木の根を踏まずに通過すること。地面をびっしり木の根が覆っている場合は、ゆっくりと慎重に通過することを心がけよう。

歩行技術❽ ぬかるみ

雨が降った後はもちろんのこと、川の周辺や地下水が染み出しているところは、晴れていてもぬかるんでいることがある。ぬかるんだ場所では、登山靴のグリップの効きが低下するため、乾いた道に比べて何倍も滑りやすくなっている。特に危ないのは下り。下りでぬかるみを通過する際は、意識的に歩行スピードを緩めよう。

TRIVIA 【山の事故1】平成28年の山岳遭難の発生件数は全体で2495件。1位 長野県(272件)、2位 北海道(206件)、3位 東京都(151件)、4位 山梨県(149件)、5位 静岡県(132件)。6位は富山県と兵庫県(116件)。

歩行技術⑨ 渡渉

登山道を川や沢が横切っている箇所を通過することを「渡渉《としょう》」という。通過時は、なるべく登山靴を濡らさないように、水量が少ないところを選ぶこと。コース上に赤ペンキなどで渡渉地点が示されていることも多い。水面から出ている石を伝いながら歩かなければならないときは、濡れている石や浮石に注意。「近道がしたいから」と、水量が多いところを渡ることは避けよう。

歩行技術⑩ トラバース

山の斜面を横断することを「トラバース」という。トラバースでは重力が横方向に働くためバランスが取りにくく、通常の上下方向への登り下りより危険。進行方向に対してつま先を正面に向けると、登山靴の底が斜めに傾くため、無理な体勢を強いられる。安全に歩くためには、進行方向に向かって山側の足はほぼ平行に、谷側の足は傾斜面に沿って斜め下に向けること。左右のストックの長さも斜面に合わせて調節しよう。

傾斜が急な場合は軽アイゼンを

急傾斜や面積が広い大規模な雪渓を歩く際は、登山靴に装着する滑り止め用器具の「アイゼン」が必要。あらかじめ雪渓を通過することがわかっているなら、アイゼンを用意しておこう。雪山で使用するような本格的なアイゼンではなく、4～6本爪の軽アイゼンや、チェーンアイゼンでも十分に効果を発揮する。

歩行技術⑪ 雪渓

標高が高い山や高緯度地方にある山では、夏でも雪が残っている場所がある。夏でも消えずに残り、窪地や谷などが雪で埋まっているところを「雪渓」といい、登山では難所のひとつに分類される。雪渓に出合うケースは少ないものの、夏の一般ルートでも雪渓の通過が必要になる場合が。雪渓を歩くとき、特に傾斜が急な斜面では、一歩一歩、しっかりと足裏全体が雪面に接するようにして、グリップを効かせながら進んでいくようにしよう。

TRIVIA 【山の事故2】平成28年の山岳遭難の態様。1位は道迷い1116人(38.1%)、2位は滑落498人(17.0%)、3位は転倒471人(16.1%)。全遭難者のうち、40歳以上は77.5%、60歳以上は50.6%を占める。

山歩きの負担・疲労を軽減するには？

ストックの使い方

快適な山歩きの秘訣は、疲労を可能なかぎり軽減すること。足やひざにかかる負担を緩和してくれるストックは心強いパートナー。効果的に活用しましょう。

頼りすぎは禁物 補助ツールとして活用

長い時間をかけて起伏の激しいルートを歩く山歩きでは、足の筋肉や関節に大きな負担がかかります。そんなとき、ひざや足、腰への負担を緩和してくれるストックがあると、疲労の軽減につながります。

特に、体力の低下や身体能力の衰えを感じている人、脚力が弱っていたりひざに痛みを抱えていたりする人にとって、ストックは山歩きの必須アイテムといえます。

しかし、ストックに頼りすぎてはいけません。ストックはあくまでも山歩きの補助的なツールとして使うべきものです。

ここでは、ストックの役割を知り、握り方や、登り・下りでの適切な使い方を学びましょう。

ストックの握り方

❶ストラップの下から手を通す

❷ストラップごとグリップを握る

ストックの役割

1. 登りで、杖代わりに前方の手がかりとなる
2. 下りで、足やひざへの負担を緩和
3. ガレ場などでバランスを取るときにサポート
4. 押し出すことにより推進力を得る

ストックのセッティング

ストックは伸縮可能。登りでは短めに、下りでは長めにセッティングして使用する。グリップを握りストックを突いたときに、地面とひじが直角になる長さを目安に調節する。ストッパーを緩めたり締めたりして伸縮するので、ストッパーがきちんと締まっていないと歩行中に伸び縮みするので注意。

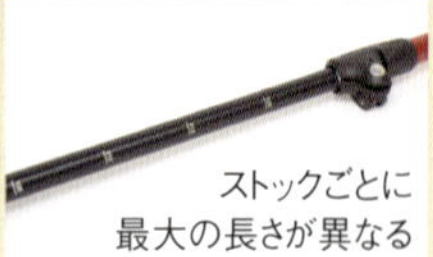

ストックごとに最大の長さが異なる

TRIVIA 【山の事故3】道迷いの際は「正しいルートに戻ることを優先」「あたりを歩きまわらない」「その場で休憩し、気持ちを落ち着かせる」「冷静さを取り戻したら、周囲の地形をよく観察する」。（日本山岳救助機構）

下りでの使い方

足を出す前に、体より一歩前に突く。きつい傾斜や大きな段差を下るときは、着地した足に全体重と重力による加速度が加わって大きな衝撃になるので、最初にストックを突いて着地の衝撃を和らげる。

登りでの使い方

杖のように手がかりにする。ストックを突く位置は、おおよそ体の真横あたり。岩場や鎖場など手を使って登る場面では、かえって邪魔になることもあるので、不要な場合は片手に束ねて持つか収納すること。

CHECK!

ストックの収納

使用しないときはストックホルダーに取り付ける。石突は下に向けるか、雨蓋《あまぶた》を被せるなど、ほかの登山者の迷惑にならないようにする。

使わないほうがよい場合も

岩場や鎖場、はしごが設置された場所ではストックを使わない。または1本だけに。状況に合わせて使い分けよう。

石突《いしづき》で植物などを傷めないよう注意

石突（ストック先端の尖った部分）を地面に突き立てる際に登山道、木道、植物を傷めてしまわないよう、付属のゴムキャップを装着して使用しよう。

TRIVIA 【山の事故4】ヘリコプターへの救助要請で場所を知らせる際は、雨具などを片手で円を描くように振る。次に乗務員が確認できる位置に近付いたら、体の横で上下に振る。（日本山岳救助機構）

「疲れる前に休む」が基本

効果的な休憩

**山歩きを楽しくするコツのひとつが、「疲れない」こと。
休憩を上手に挟めば、最後まで快適に歩くことができます。
効果的な休憩のポイントを押さえましょう。**

疲れていなくても コンスタントに休憩を

山歩きでは、定期的な休憩が大切です。長丁場の運動になるので、疲れを感じたら休憩を取ることはもちろんのこと、後半に備えて「疲れていなくても、コンスタントに休みを挟む」ことがポイント。「60分歩いたら5分休む」というのが目安になりますが、自分のコンディションによって調整しましょう。

休憩は、疲れを回復させ、次の行動を楽にするためのものです。体力には個人差があり、その日の体調も人それぞれなので、状況に合わせて臨機応変に休憩を取りましょう。山歩きで大切なのは、疲れないよう、むやみに休憩が必要にならないように歩くこと。ハイペースで歩いて休憩の頻度が増えるのは本末転倒です。いずれにしろ、「疲れる前に休憩する」のが基本的な考え方になります。

休憩中にすべきこと

休憩中は、バックパックを下ろして座るほか、エネルギーや水分を補給する、暑かったら上着を脱ぐ、寒かったら着こむ、雨が降ってきたらレインウェアを着用する、装備を点検する、など、やるべきことがたくさんあります。

そのほか、ストレッチをしたり深呼吸したりすることも、長く快適に歩くために有効です。

休憩用のベンチが設置されている山も

TRIVIA 【山の事故5】救助要請の電話は110番。「事故者の氏名・連絡先・所属団体・ケガの度合、事故発生場所、救助要請者の氏名と連絡先、現場との通信手段、ヘリコプターが必要か」を伝える。(日本山岳救助機構)

どこで休む?

なるべく平坦で安全な場所を選ぶこと。登山道上にドッカリ腰を据えての休憩は、ほかの登山者の邪魔になるのでNG。また、岩場やガレ場、ザレ場は、落石の危険があるので避ける。風が強い日なら、体が冷えないよう風が当たらない場所がベター。

いつ休む?

目安として「60分ごとに5分休む」などと決めてもよいが、大切なのは「疲れる前に休むこと」。特にグループ登山では、疲れているのに「まだ大丈夫」と見栄を張る人が出てくる場合も。コンスタントに休憩を挟んでおけば、メンバー全員がバテずに済む。

何をする?

暑さ・寒さを感じていたらウェアの着脱で調節を。のどが渇いていなくても水分を補給すること(→P.126)。行動食の摂取によるエネルギーチャージも欠かせない(→P.126)。ストレッチも疲労の回復や防止に役立つ。注意したいのは荷物の置き忘れ。うっかりして、ストックやカメラ、タオルなどを休憩場所に置いたまま出発してしまうことがないように。

出発前に装備のチェックを

トイレは?

大量の発汗をともなう山歩きでは、トイレの回数は普段より少なくなるが、気温の低下や体調の変化などによって、突然トイレに行きたくなることがある。平坦な場所や樹林帯の中なら用を足せる場所を見つけることができるが、岩場や遮蔽物のない稜線を通過中だと、特に女性にとっては切実な問題に…。「我慢せず、行けるときに行っておく」ことが大切だ。

トイレがあったらとりあえず行っておこう

TRIVIA 【山の俗語1】「アルバイト」→きつい登り作業。「1本立てる」→登山中の休憩。「お花摘み」→女性のトイレ。「おろく」→遭難者の遺体。「カラミ」→空身。荷を持たないこと。「山ヤ」→山好きな人。

痛みが出る前にストレッチを

出発前や下山後だけでなく、休憩中にも適宜ストレッチを行うことで、筋肉の疲労を軽減することができます。

山歩きでは同じ動作の繰り返しを強いられるので、どうしても特定の筋肉に負担がかかります。ストレッチで筋肉をほぐし、血のめぐりをよくすることで、疲労の蓄積が緩和されます。

疲れがたまりやすい場所は、バックパックのストラップで締め付けられる肩回りや、登り下りで酷使する太ももの前後（大《だい》腿《たい》四《し》頭筋《とうきん》、ハムストリングス）、ふくらはぎ（腓《ひ》腹筋《ふくきん》、ヒラメ筋）などです。

痛みや違和感が生じる前に、休憩時にこまめなストレッチを心がけましょう。

疲労軽減に役立つストレッチ

ふくらはぎのストレッチ

山歩きでは立ちっぱなし・歩きっぱなしを強いられるため、ふくらはぎに大きな負担がかかる。放置しておくと足がむくむ原因になるので注意。アキレス腱と一緒に、少しずつ力をかけながら伸ばそう。ストレッチの代わりに指圧を行うことでも、ふくらはぎの疲労を軽減することができる。

ここがポイント!

足を前後にずらし、後ろ側のひざを伸ばした状態でかかとを地面につける

太もものストレッチ

下りで踏ん張るときに最も酷使するのが太ももの前の筋肉（大腿四頭筋）。樹木などにつかまり、まっすぐ立った状態でひざを曲げ、曲げた足の甲をつかんで太ももの前部を伸ばそう。太もも裏の筋肉（ハムストリングス）は、ひざの上に置いた手でひざを下に押すようにするとよく伸びる。

ここがポイント!

上半身からひざまでを一直線にして、かかとをお尻に近付けるとよく伸びる

肩回りのストレッチ

バックパックを背負っていると、ストラップが肩回りを圧迫する。また、ストックを長時間使っていると、やはり肩の周辺がこわばってくる。肩回りの血流を改善するには、バンザイの状態で首の後ろを触るように片方の腕を曲げ、反対の腕でひじを押さえ、そのままゆっくりと下に引く。

ここがポイント!

バックパックを下ろして行う。10回ほど繰り返すと肩回りがほぐれる

TRIVIA 【山の俗語2】「キジを撃つ」→男性のトイレ。大キジは大便、小キジは小便。「シャリバテ」→空腹で力が入らず動けないこと。「武器」→スプーンやフォーク。「ミシンを踏む」→岩場で進路がわからず脚が震えること。

知っておきたい山のトイレ事情

特に女性の場合、山歩きにおける最大の問題はもしかすると「トイレ」かもしれません。

「そもそも山にトイレはあるの？」「清潔？」「混んでいるのかな？」「トイレが近いので、途中で行きたくなったらどうしよう…」などなど、疑問や不安が尽きないと思います。ここでは、気になる山のトイレ事情について説明します。

登山者が多い人気の山や登山コースでは、各所にトイレが設置されていることが多く、心配する必要はありません。一方、トイレが設置されていない山・コースもあります。その場合は、野外で用を足さなければいけません。その際のマナーを覚えておきましょう。

山のトイレ 利用の心得・マナー

1 事前にトイレの場所を確認しておく

登山地図で、トイレの有無や山小屋の場所を事前に確認しておくこと。トイレがあるかどうかわからなければ、不安を抱えながら歩くことになる。トイレがたくさん設置されているコースの場合は、特に心配はいらない。トイレを使用する際は、定められたルールを守ろう。トイレットペーパーが備え付けられていないところもあるので、自分で準備を。

トイレの有無・場所を登山地図でチェック

2 有料トイレ用に小銭を用意しておく

登山口にあるトイレはほとんどが無料だが、コース上や山頂にある山小屋などのトイレはほとんどが有料。バイオトイレなどの普及により、維持と管理に費用がかかるためだ。100～300円と料金はまちまち。集金箱が置かれていることが多いので、必ずお金を入れてから利用しよう。おつりは期待できないので、小銭を用意しておいたほうがよい。

3 自然の中で用を足すことも想定する

近くに山小屋がない場所で、どうしてもトイレが我慢できなくなった場合は、登山道などをはずれて茂みなどで用を足すことになる。自然の中で用を足す際は、十分な安全確認が必要。斜面や岩場などは避け、安全な場所を探そう（沢など水場での用足しはNG）。使用したトイレットペーパーは必ず持ち帰ること。

4 環境のため携帯トイレを持参する

山の自然環境を守るために、携帯トイレの使用が推奨されるようになってきた。排泄物は時間が経過すれば自然の力で浄化されるが、近年の登山者の急増により自然の分解能力が追いつかず、環境破壊につながるとされる。なるべく携帯トイレを持参し、排泄物は持ち帰るようにしよう。登山口で携帯トイレを販売している山もある。

携帯トイレと
高密閉チャック袋のセット

TRIVIA 【山と動物1】カモシカは1955年に特別天然記念物に指定されている。カモシカを県の獣として制定しているのは、山形県、栃木県、富山県（ニホンカモシカ）、山梨県、長野県、三重県の6県。

脱水症状・エネルギー切れを防ぐために

水分・栄養補給と行動食

山歩きでは膨大な水分とエネルギーを消費するので、
行動中に十分な水分と栄養を補給することが重要です。
エネルギー切れしないよう、計画的な補給を心がけましょう。

脱水症状の悪化は重病の引き金に

山歩きでは汗を大量にかくので、適切な水分補給を怠ると脱水症状を引き起こします。

脱水症状が悪化すると血管内に血栓ができやすくなり、それが心臓や脳に移動すると心筋梗塞や脳梗塞の引き金になることも…。命に関わるケースも想定され、非常に危険です。

そこで、定期的に水分補給を行うことが、安全な山歩きにつながります。のどの渇きを感じたときには、すでに軽い脱水状態。のどが渇く前に意識的に水分を補いましょう。

ただし、一度に大量の水分を摂取しても吸収できず、トイレに行きたくなってしまうので、少量ずつをこまめに補給するのがポイントです。

シャリバテは遭難につながる

長時間にわたって体を動かし続ける山歩きでは、体力を激しく消耗します。普段の生活とは比較にならないほど多くのエネルギー（カロリー）を消費するため、食事や行動食の摂取による栄養補給を怠ると、血糖値の低下などによって体に力が入らなくなり、動けなくなってしまうことがあります。

これを登山用語で「シャリバテ」（ハンガーノック）といいます。シャリは米・ごはんのことで、シャリバテはいわば自動車のガス欠。動けなくなってしまうことは遭難を意味します。

シャリバテにならないよう、山歩きでは、行動食（登山で行動中に食べる携帯食料）によるコンスタントな栄養補給が重要になってきます。

TRIVIA 【山と動物2】神奈川県では、丹沢山地東部を中心にヤマビルが多数確認されている。活動期は4月から11月まで。特に6月から9月の雨天時には注意。体長は2～5㎝、移動速度は1分に1mほど。

水分補給の心得

❶登山前に 500ml 程度の水分を補給する
❷汗をかくとミネラルも失われるため、スポーツドリンクなどで補給する
❸少量ずつこまめに補給する

いろいろなタイプの水筒がある（→ P.94）

水筒とハイドレーションパック

往復5時間ほどの低山ハイキングでは、携行する水分は1 ℓ程度となる。水筒は使いやすいものなら何でも可。温かい飲み物がほしい場合は魔法瓶を使用しよう。温かさにこだわらないなら、コンパクトに折りたためるタイプのウォーターキャリーを。こまめな補給に便利なのはハイドレーションだ。チューブが付いているため、わざわざバックパックから水筒を取り出す必要がなく、歩きながら水分を補給することができる。

栄養補給の心得

❶糖質中心の消化のよいものを携行する
❷すぐに食べられるものを選ぶ
❸小分けされているものを選ぶ
❹油ものを避け、塩分が強すぎず、甘すぎないものをとる

水分・エネルギー摂取の目安

登山中の水分・消費カロリーは以下の計算式で算出できる。

水分：体重×5ml×行動時間

カロリー：体重×5kcal×行動時間

たとえば、60kgの登山者が5時間行動すると1500ml／1500kcal消費する。水分は同等量、カロリーは貯蓄量に個人差はあるが一般的には6～8割を補給する。

行動食とは？

「山での食事」と聞くと、昼食のお弁当などをイメージするかもしれません。昼食とは別に、行動中に栄養補給のために口にするものを「行動食」といいます。行動食には、歩きながらすぐ口に入れられる食べ物を用意しましょう。小分けになったチョコレートやあめ、クッキーなどが適しています。糖分は体への吸収が早く疲労回復に役立ちますが、甘すぎるものはのどが渇くので注意。また、汗をかくとミネラル分も体外に排出されるので、ミネラル分補給のために塩気のある菓子類や梅干しを用意するのもよいでしょう。

ボトルに入れていくと食べやすい

TRIVIA 【山と動物3】ヤマビル対策は、専用の薬剤もあるが靴に塩を塗り込んでも効果がある。吸血された際は、タバコの火を近付けたり塩をかけたりすると取れる。神奈川県庁のHPに「ヤマビル対策マニュアル」がある。

さまざまな行動食

チョコレート

溶けにくいタイプの商品も!

高カロリーで、すぐにエネルギーに変わる糖質の代表格。疲労で胃腸が弱り、食欲が減退しているときでも食べやすい。ナッツ入りのものはより高カロリー。夏は溶けやすいので注意。

行動食に何を持っていくべきかわからない人も多いはず…。そこで、おすすめの行動食をリストアップした。カロリーのほかにも、消化の良し悪しや体への吸収性の高さ、持ち運びのしやすさなど、考慮すべき要素がある。また、疲れたときに自分が好きな食べ物があると力になる。

ミックスナッツ

炭水化物やビタミン類を豊富に含み、栄養価が高い。味付けされていれば塩分の補給もでき、カロリーも高い。お酒のおつまみにもなる。

ビスケット、クッキー

ビスケットやクッキーは糖質と脂質が多いため、行動食に適している。パサパサしたものはのどが渇きやすくなるため、しっとりタイプのものがおすすめ。

ドライフルーツ

日持ちがよく携行性に優れ、糖質や脂質を豊富に含んでいることが特徴。美容効果が期待できる点もうれしい。軽量のボトルに入れて持ち運ぶと便利。

あめ、キャラメル類

塩あめは行動食の定番。発汗で失われた塩分と、エネルギーに変わる糖分を同時に補給できる。疲労で食欲不振になっても口に含みやすい。

おにぎり

美味しくて食べやすく、満腹感が得られやすい行動食の定番。特に梅干し入りは、塩分やミネラルも補給できるのでおすすめ。即効性はほかの行動食より劣るので、昼食として食べよう。

菓子パン

種類が豊富で食べやすいうえ、日持ちもよくカロリーが高い。比較的サイズが大きいためかさばることと、注意していないとバックパックの中でつぶれてしまうことがあるので注意。

TRIVIA 【山と人1】ウォルター・ウェストン（1861-1940年）。英国人宣教師として来日し、富士山、南アルプスほか名山を登る。上高地の山案内人、上條嘉門次と北アルプスの山々に登頂し、その魅力を著書で世界に紹介。

遭難時の命綱 非常食とは

山歩きでは、朝・昼・晩に食べる「日常食」と登山中に食べる「行動食」のほかに、万一の遭難に備えて「非常食」を携行することが常識。標高1000m程度の低山登山や日帰りハイキングでも、非常食を携行するのが基本です。

非常食は、遭難時に救助が来るまでの時間や、自力で下山するまでの間に命をつなぐためのものなので、行動中には決して手をつけないこと。何事もなければ、食べずに持ち帰ることになります。

非常食に向いているのは、バランス栄養食品など、軽くてかさばらず、火を使用する必要がなく、保存がきいて高カロリーな食品です。

非常食の例

バランス栄養食品

「カロリーメイト」などのバランス栄養食品は、非常食の定番。コンビニやスーパーなどどこでも手に入れることができるうえ、重量が軽く価格が手ごろなことがメリットだ。特にカロリーメイトは、1本100kcalとカロリー計算がしやすいことも魅力。難点は、味が淡泊なことと衝撃に弱く割れやすいこと。ほかに「ソイジョイ」もおすすめ。

コンデンスミルク（練乳）

牛乳に糖分を加えて濃縮させたもので、「加糖練乳」とも呼ばれる。高カロリーなうえに常温での保存が可能なため、古くから登山者に重宝されてきた。コンデンスミルクは日常食や行動食にも代用できる。パンなどに塗って食べたり紅茶などの飲み物に入れたりと、さまざまな場面で活躍するので、バックパックに1本忍ばせておくと便利。

サプリメントで筋肉痛を予防

長時間の運動で膨大なエネルギーを消費する山歩きでは、サプリメントを上手に活用すると、栄養の吸収を助け、疲労からの回復が早くなったりパフォーマンスの向上につながったりします。山歩きでは筋肉を酷使するため、筋肉痛に悩まされることが少なくありません。筋肉を構成する3種のアミノ酸は体内では合成できないため、食事などで摂取する必要があります。サプリメントでアミノ酸を摂取すれば、筋肉の修復が早くなり筋肉痛が緩和されるので、上手に活用しましょう。

アミノ酸サプリメントの代表格、「アミノバイタル」。登山前、登山中、登山直後に摂取することで筋肉の修復が促され、疲労回復や筋肉痛の軽減に役立つ

TRIVIA 【山と人2】ウイリアム・ガウランド（1842-1922年）。冶金技師として英国より招聘。古墳や登山に関心が高く、1877年に外国人として初めて槍ヶ岳に上る。「日本アルプス」の命名者でもある。

自然環境、ほかの登山者への配慮を

山歩きのマナー

気持ちよく山歩きをするためには、自然環境への配慮とほかの登山者に対する気遣いが欠かせません。山歩きの基本的なマナーを知っておきましょう。

山の自然環境を保護するために

山に人が入ることは、自然環境や生態系に何らかの影響を及ぼします。人気のある山ならなおさらのこと。登山者が増えると、山の環境破壊が進む恐れがあります。自然環境を保護するため、できるだけ影響を与えないように心がけましょう。

まず、登山道を外れて歩かないこと。登山道でないところを歩くと、植物などにダメージを与えかねません。いったん自然環境が荒らされると、再生に長い時間がかかります。

また、生態系保全のため、植物を採ったり、石などを持ち帰ったりしてはいけません。野生動物へのエサやりもNG。当然のことながら、自分が出したゴミはすべて持ち帰りましょう。

登山道を歩こう!

植物は写真で残そう!

ゴミは持ち帰ろう!

TRIVIA 【山と人3】上條《かみじょう》嘉《か》門《もん》次《じ》(1847-1917年)。山案内人。卓越した山の知識と登山技術が、前出のウォルター・ウェストンをはじめ、海外の技師、教師や日本の登山家に高く評価され、日本登山史に名を残した。

登山者同士の挨拶は山歩きの常識

ほかの登山者と
出会ったら挨拶を
してみよう!

気持ちのよい山歩きに欠かせないのが、登山者同士の挨拶。山では、登山者同士が挨拶を交わすことは常識となっています。ほかの登山者と出会ったら、自分のほうから明るく「こんにちは！」と声をかけましょう。

挨拶が会話に発展し、その先のルートについての情報が得られたり、場合によっては思わぬ交友関係が生まれたりするかもしれません。

しかし、すれ違う人が多すぎるときは、全員に声をかける必要はありません。

また、体力的にきついときや呼吸が乱れているときなどは、会釈だけで済ませてもOK。臨機応変に対応しましょう。

状況に応じて道を譲り合う

登山道では原則として登り優先。すれ違う際は、下る人が登る人に道を譲るのが基本です。しかし、状況によっては、登る人がよけたほうがスムーズなことも。登り側が休みたい場合も多々あります。

また、個人や少人数のグループが、大人数のグループとすれ違う場合は、登り・下りにかかわらず、人数の少ないほうを先に通してあげたほうがよい場合もあります。大人数のグループが通過するのを待つのは、けっこうな時間がかかってしまうからです。

安全性と効率を考えながら、登り・下り、人数にかかわらず、声をかけ合って、より安全な場所・よけやすい場所にいるほうが道を譲るようにしましょう。お互いに配慮して、気持ちよく歩けるようにすることが大切です。

原則として山側によける

下る人が登る人に道を譲る

TRIVIA 【山と人4】小林喜作《こばやしきさく》(1875-1923年)。猟師・山案内人。北アルプス表銀座コース(喜作新道)を開設。17歳で猟を始め、北アルプス一帯の山道に精通。多くの著名人を案内して登頂を成功させた。

知っておけば安心！

アクシデントを防ぐ安全対策

自然を相手にする山歩きでは、状況によって
さまざまなトラブルやアクシデントが想定されます。
山歩きにともなうリスクと、その対策について学びましょう。

山にはさまざまな危険が潜んでいる

自然は、人間がコントロールできないものです。山歩きは自然を相手にしているので、アクシデントを完全に防ぐことはできません。その時々の状況によって、さまざまなトラブルに遭遇することが予想されます。

　山歩きで発生しやすいアクシデントは何か、どうしてトラブルが起こるのか、もしアクシデントに見舞われた場合はどうすればよいのか…。これらについてあらかじめ知識を身に付けておけば、たとえアクシデントに遭遇したとしても、命に関わる重大事故に発展することを防ぐことができます。

　ここで紹介するさまざまなケースを踏まえ、事前にシミュレートしておきましょう。

山歩き中に遭遇しやすいアクシデント

天気の急変

山の天気は変化が激しく、気温が急激に低下したり、雨がいきなり降りだしたりすることが多々ある。天気の急変に備えて、装備は万全にしておこう。

落石、ルート崩壊など

落石が頭部などの急所に直撃すると、死につながる危険がある。視覚だけでなく、聴覚や嗅覚も働かせて、落石の危険性がないかどうか十分に注意しよう。

転倒と滑落《かつらく》

不注意や疲労の蓄積が招く定番中の定番のアクシデントで、遭難原因の上位を占める。捻挫や骨折で動けなくなると遭難、最悪の場合は死に至ることもある。

体調不良

体調管理のミスや睡眠不足、極度の疲労などが原因で起こる。徹底した体調管理を心がけることはもちろんだが、もしも体調が悪いときは山歩きを中止する決断を。

ルートを見失う

遭難原因の第一位が「道迷い」。準備不足や不注意、天候悪化による視界不良によって起こる。道に迷ったら、むやみに動き回らず地図で現在地の把握に努めよう。

TRIVIA 【山と人5】田部重治《たなべじゅうじ》（1884-1972年）。英文学者。日本アルプスや秩父を歩き、紀行文も多い。『新編 山と渓谷』（1993年岩波書店）編者の近藤信行は「素直に、やさしく、あるがままの描写に終始している」と評す。

山の天気は急変しやすい

「天気予報では晴れのはずだったのに、雨が降ってきた」「さっきまで晴れていたのに、急に雲行きが怪しくなってきた」。

山では、こういうケースがよくあります。山の天気は変わりやすく、平地を対象とした通常の天気予報はまったく当てにならないといっても過言ではありません。

小雨程度ならレインウェアを着用すれば問題ありませんが、怖いのは、豪雨や強風、濃霧、降雪など。これらは、対処の仕方を誤ると命に関わる可能性もある、危険なものです。

急変しやすい山の天気から命を守り、安全な山歩きをするために、山の天気の特徴を知っておきましょう。

山の天気の特徴は？

天気の回復が遅い

前線通過後、平地では天気が一気に回復するが、山では数日かかる。一方、天気の崩れも山のほうが平地より早く訪れる。山では前線が遠く離れていても影響を受けるためだ。

風が強い

標高の高い山ほど周囲に遮るものがないため、風が強く吹きつける。さらに、複雑な地形によって風が集まる場所では、局地的に風が強くなることも多い。

ガス（霧）が発生しやすい

山では、晴れている日でもガス（霧）が頻繁に発生する。斜面に沿って吹く風が高所に移動することで、空気が膨張し冷やされて霧の粒をつくるためだ。「山の天気は変わりやすい」と言われる理由。

午後に雨が降りやすい

暖かい空気は軽いため、午後に気温が上がると、暖かい空気は上昇して雲を生み、雨を降らせる。空気中の水蒸気量によって雲の発生と消失が頻繁に繰り返されるのが、午後に雲が増える理由。

夏の午後は雷が発生しやすい

雷は、雲の中に高電圧の電気が蓄積し、雲と雲の間や雲と地面の間で放電する現象で、地上と上空との気温差が大きいときに発生する。発生しやすいのは、7～9月の昼過ぎから夕方にかけての時間帯。これは、夏の強い日差しで地上が暖められるためで、数日にわたって同じ時間帯に発生することがよくある。

TRIVIA 【山と人6】木暮理太郎《こぐれりたろう》（1873-1944年）。『東西登山史考』（田口二郎、1995年岩波書店）では「彼ほど日本の高山・中山・低山のあらゆる諸相に平等の愛を注いだ人はいない」と評された。

大荒れ模様のときは事前に中止の決断を

山の中では、ときに想像を超えるような集中豪雨や雷雨に遭遇することがあります。天気予報などで、あらかじめ大荒れになることがわかっている場合は、潔く登山の中止を決断してください。山はいつもそこにあります。次の機会を待ちましょう。

問題は、登山中に大雨に遭遇したときです。山の天気は午後から崩れることが多いため、早めに下山できるスケジュールを組むことが大切。それでも集中豪雨に見舞われた場合は、行動を中止し、速やかに近くの山小屋や避難小屋へ移動しましょう。雷やガス（霧）が発生した場合も同様です。雷で感電すると火傷やショックで心停止が起こり、死に至る場合もあります。

悪天時の対策は？

雷への対処法

早出・早着を心がける

雷が発生しやすいのは夏の午後なので、遅くとも午後３時までに山歩きを終えるのが理想。早出・早着を心がけよう。

尾根から離れる

雷に遭遇したとき、遮るものがない山頂や尾根は最も危険な場所になる。山頂や尾根にいる場合は、一刻も早く離れる。

高い木や大きな岩から離れる

高い木や大きな岩は避雷針と同じなので、発雷時は決して近づかないこと。高い木のそばにいる場合は、すぐに離れる。

川原から退避する

尾根と同じで遮るものがないので、即撤退を。また、雨での増水や鉄砲水など、雷以外のリスクも考えられる。

姿勢を低くする

とにかく姿勢を低くする。雨具を着用し、雷をやり過ごしている時間に体が冷えないように防寒もしっかりと。

雨・ガス（霧）への対処法

体を濡らさない

雨が降ってきたらすぐにレインウェアを着用すること。着ている服が濡れ、その状態で強風にさらされると、低体温症になることがある。

レインウェアは取り出しやすい場所に

すぐに着脱できるように、レインウェアは上下別々にして、バックパック外側の取り出しやすい場所に収納しておこう（→P.102）。

バックパックの中身を濡らさない

バックパックの中身が濡れないように、レインカバーを装着して雨の侵入を防ぎ、荷物はスタッフバッグやジップロックなどに収納する（→P.103）。

栄養補給を忘れずに

雨天時の山歩きはいっそう体力を消耗する。雨の中でも出し入れを面倒がらずに、意識的に水分・栄養補給を行うこと。

やみくもに動かない

濃い霧で視界不良になった場合は、動かずにじっとしていること。やみくもに動き回ると、ルートを見失ってしまう危険性がある。

登山者の心強い味方　スマホのお天気アプリ

山の天気情報を配信するスマートフォンのアプリがあります。大雨、強風・暴風、雷、台風、低温、噴火警戒レベルといったリスク情報のほか、山頂付近の天気や気温、風速、日の出・日の入り時間など、山歩きに必要なきめ細かい情報を提供してくれるものも。日本気象協会のものなど、いくつかあるので、興味がある人はチェックしてみましょう。

TRIVIA 【山と人7】加藤文太郎《かとうぶんたろう》（1905-1936年）。用意周到かつ独創的にして勇猛果敢・不屈の岳人として、岳人たちから「単独登攀の加藤」「不死身の加藤」と呼ばれた。兵庫県新温泉町に加藤文太郎記念図書館がある。

標高2000m以上で高山病のリスクが

高山病は、高地の低い気圧によって酸素が摂取しづらくなり、酸欠状態に体が適応できずに起こる病気です。ヒマラヤやチベットなどの高地で発症するイメージがありますが、標高2000～3000m程度の山でも症状を自覚することが。つまり、日本の山でも高山病にかかるリスクがあるのです。

高山病にかからないようにするには、無理のない登山スケジュールを組むことが何よりも大切。標高差の大きいコースの場合は、一気に登らず、適度に休憩を挟みながらゆっくり登りましょう。また、普段以上に深い呼吸を意識するとともに、こまめな水分補給も心がけてください（→P．126）。

高山病にならないために

高山病の症状

頭痛

人間の体の中で最も酸素消費量が多い器官は脳。そのため酸素不足の影響を受けやすく、初期症状として頭痛が現れる。

吐き気（食欲不振）

頭痛と並ぶ高山病の初期症状のひとつ。酸素不足は消化器官にも影響を与えるため、吐き気や食欲不振を催す。症状が進むと嘔吐することも。

運動能力の低下

全身に指令を出す脳が酸素不足に陥ると、運動能力の低下や虚脱感を招く。バランス感覚が悪くなり、転倒や滑落の危険が高まる。

眠気

高地で酸素が薄くなると眠くなる。体は睡眠中に最も酸素消費量が少なくなるため、本能的に睡眠モードに入ろうとするからだ。

むくみ

血液の循環が悪くなり、手足などにむくみが生じる。症状が進行すると、より重篤な肺水腫《はいすいしゅ》や脳浮腫《のうふしゅ》に発展し、死に至ることもある。

対策のポイント

● ゆっくり登る

標高2000m以下の山では、高山病の症状を自覚することはまずない。頭痛や眠気があっても、体調不良や睡眠不足が原因だと考えられる。一方、標高2000m以上の山で頭痛や眠気を感じた場合は、高山病の初期症状を疑う必要がある。とにかくゆっくり歩いて、徐々に体を高地に順応させることを心がけよう。

● 水分をこまめに補給する

むくみは、血液がドロドロになって血のめぐりが悪くなることで起こる。水分をこまめに補給して血流をよくし、尿・汗を排出することでむくみは自然と収まる。そのため高地では、のどが渇いていなくても水分を意識的に補給し、加えてトイレを我慢しないことが大事。体を冷さないように、服装での調整も行う。

● 深い呼吸を繰り返す

高山病は酸素不足が原因なので、深呼吸をして酸素摂取量を増やすことを心がけよう。標高が上がれば上がるほど深呼吸の必要性が高まるため、深呼吸しながら歩けるペースで登ることが大切。コツは、風船をふくらませるときのように勢いよく息を吐きだすこと。それにより肺中の酸素分圧が上昇し、酸素を吸収しやすくなる。

● 症状が改善しない場合は下山する

いったん高山病にかかって重篤《じゅうとく》化すると、下山しないかぎり症状は緩和しない。日本の山で重篤化するケースはめったにないものの、しばらく休んでも快方に向かわない場合は、酸素が濃い低地に移動することが唯一の対処法になる。

TRIVIA 【山と人8】植村直己《うえむらなおみ》（1941-1984年）。冒険家。1984年国民栄誉賞受賞。世界初の5大陸最高峰登頂者。映画『植村直己物語』（1986年は西田敏行が主演）。出身地の兵庫県豊岡市に「植村直己冒険館」がある。

暑さ・寒さが要因
熱中症と低体温症

万全の体調で山歩きに臨んでも、環境の変化で調子を崩してしまうことがあります。なかでも、気温や湿度、体温の変化に応じて発症する山特有の病気には注意が必要です。

山を歩いているとき、登山者は「暑さ」か「寒さ」のどちらかを感じることになります。この2つの要因で発症するのが「熱中症」と「低体温症」です。

真夏、直射日光の下で汗をダラダラかきながら歩いていると、脱水症や熱中症の危険があります。一方、低温下で風雨にさらされ続けると、夏でも低体温症になる可能性があります。

まずは予防が第一ですが、万が一のため、対処法を学んで備えておきましょう。

熱中症と低体温症から身を守るには？

熱中症とその症状

高温や高湿度の中で体を動かしたときに、体温が急上昇し、汗をかいても体温が下がらなくなってしまう状態が熱中症。おもな症状は、脱水や頭痛、発熱、熱けいれん（こむらがえり）、吐き気などで、放置すると意識障害を起こして命を失うこともある。

対策のポイント

- 平地以上に「予防」を意識する
- 歩き始める前に水分をたくさんとる
- 直射日光下では帽子を着用する
- のどが渇いていなくても定期的に水分を補給する
- 糖質を摂取する
- 適切なレイヤリングを心がける

直射日光はできるだけ避けたい

低体温症とその症状

「濡れ」「風」「低温」で体熱が奪われ、体の中心体温が35℃以下に低下した状態が低体温症。体温が30℃を下回ると意識を失い、放置すると死亡する。夏山でも発症することが多いため、しっかりとした防寒対策が必要。初期症状は、指先の感覚の薄れや体の震えなど。進行すると眠気を覚えて足がもつれ始め、そのまま放っておくと手足の動きが鈍くなって転倒を繰り返すようになり、最終的には昏睡状態に陥って死に至る。症状が現れたら、温かいものを飲む、防寒着を着用するなどの対策を。

対策のポイント

- 雨が降り始めたら、すぐにレインウェアを着用する
- 寒さを感じる前に1枚着込む
- 長時間 強風に身をさらさない
- ウェア（体）を濡らさない
- なるべく汗をかかないように歩く
- 食事をきちんととる
- こまめに栄養補給をする

必ず防寒着を装備に加えておく

低体温症になりやすい条件

- 雨（雪）が降っている
- 強風が吹いている
- 汗を大量にかいた
- 食事や栄養補給を怠っていた
- 疲労が蓄積していた
- 気温が低い
- 体（ウェア）が濡れた

TRIVIA 【山と人9】田《た》部《べ》井《い》淳《じゅん》子《こ》（1939-2016年）。1975年に世界で女性初のエベレスト登頂者となった。山を楽しむ人付き合いのコツは「同行者のよいところを見つけ、ほかは目をつむり、人の苦手を作らないこと」。

ケガをしたときは応急処置を

障害物の多い山の中では、どれだけ注意していてもケガをしてしまうことがあります。山歩きの最中に、思わぬケガを負ったり急病を発症したりしても、医師を呼ぶことはできませんし、すぐに救助隊が駆けつけてくれるわけではありません。そのため、ちょっとしたケガでも、最悪の場合は命取りになるケースが考えられます。

そんなとき、正しい応急処置を知っていれば、身の安全を守ることができます。登山中に負いやすいケガは、靴擦れ、虫刺され、捻挫の3つ。これらの対処法を、止血方法などの基本的な知識とあわせ、ぜひ身に付けておきましょう。ファーストエイドキットの用意も必須です。

持っていれば安心！ ファーストエイドキット

山登りにケガはつきものなので、必ずファーストエイドキットを携行すること。持っていれば、いざというときに役立つ。ガーゼや絆創膏、消毒液などの定番アイテムはもちろん、小型の爪切りなども用意しておくと便利。爪が割れたり折れたりしたときに、放置しておくとケガの原因になることがあるためだ。

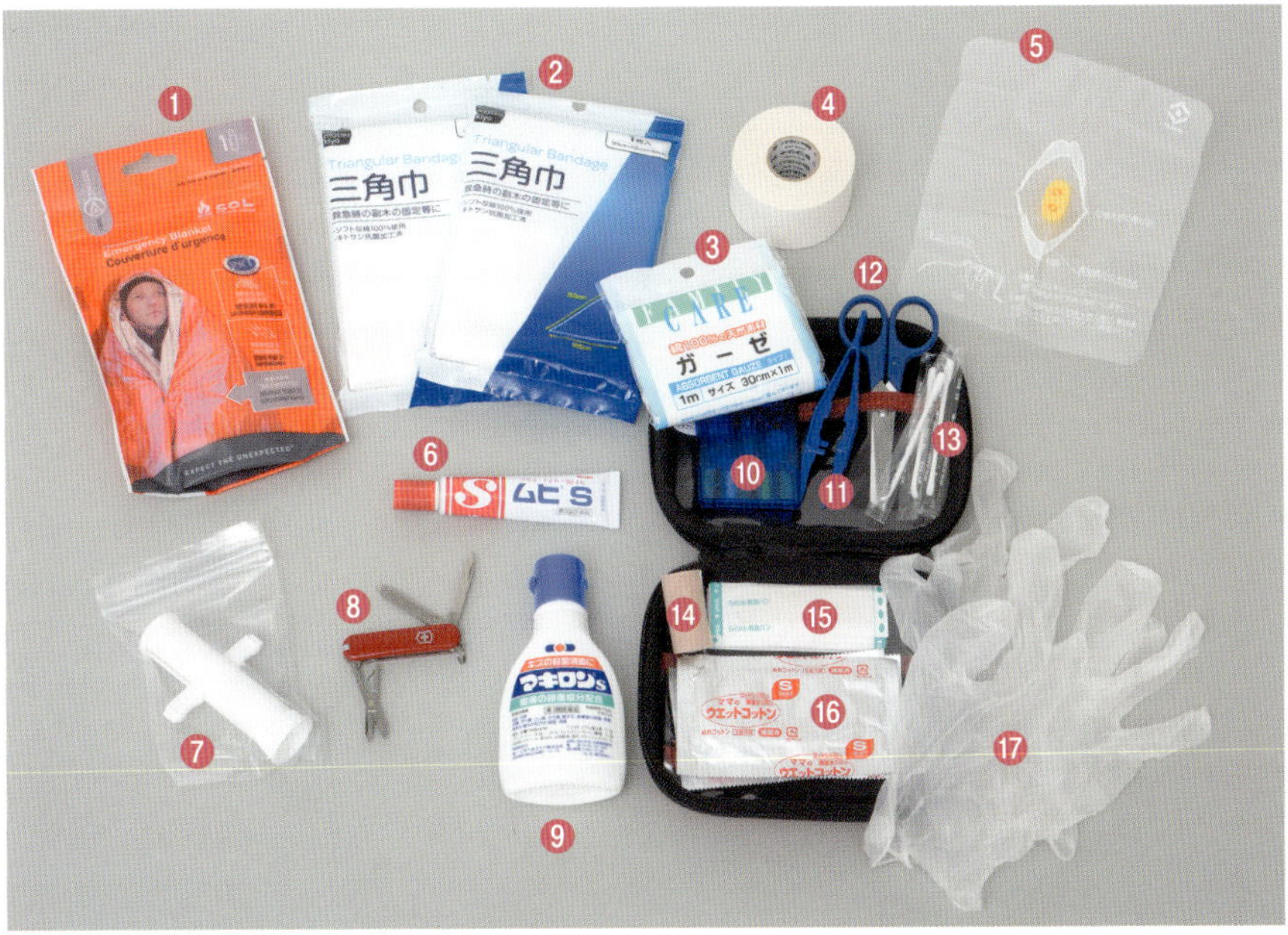

❶エマージェンシーシート
❷三角巾
❸ガーゼ
❹テーピングテープ
❺人工呼吸用マウスシート
❻虫刺され用軟膏
❼ポイズンリムーバー
❽万能ナイフ
❾消毒液
❿裁縫セット
⓫ピンセット
⓬ハサミ
⓭綿棒
⓮粘着テープ
⓯絆創膏
⓰ウェットコットン
⓱医療用手袋

TRIVIA 【山と人10】エドモンド・ヒラリー（1919-2008年）。ニュージーランドの登山家。イギリスの遠征隊の一員として、1953年にエベレスト登頂。ヒマラヤ登山の拠点開発のため「ヒマラヤ基金」を創設。

知っておきたい応急処置

✚傷口を洗う

ケガをしたら、まずは傷口を洗う。流水で汚れを洗うのがベターだが、水場がない山歩き中は、ペットボトルを利用しよう。水の入ったペットボトルのキャップに、万能ナイフの栓抜き部分などで小さな穴を開けると、細く・強く水を出すことができる。

✚止血する

ケガをして出血したら、早めの止血が重要。傷口に清潔なガーゼを当てて強く圧迫し（直接圧迫止血法）、三角巾や包帯をきつめに巻く。三角巾を結ぶときは本結びだと痛くない。傷の部分が露出したり緩んだりしないように、しっかりと巻くこと。

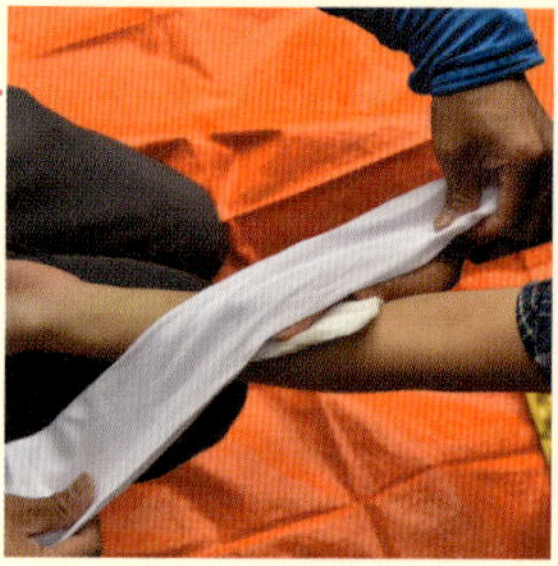

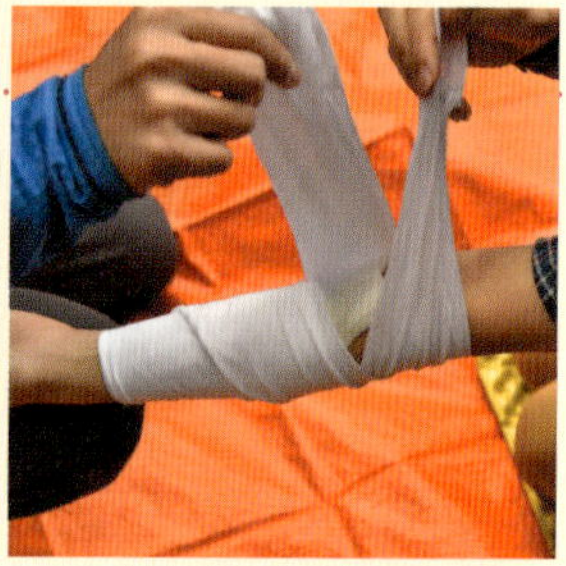

✚靴擦れ

靴擦れになったら、患部に靴擦れ用の絆創膏（キズパワーパッドなど）を貼る。また、予防としては、痛くなりそうなところにテーピングテープを貼っておく。普通の絆創膏だと、圧迫して靴擦れを悪化させる可能性があるので、使わないほうがよい。前提として、新しい登山靴は靴擦れしやすいので、あらかじめはき慣らしておくこと。また、靴下がたるんでいると靴擦れしやすいので注意。

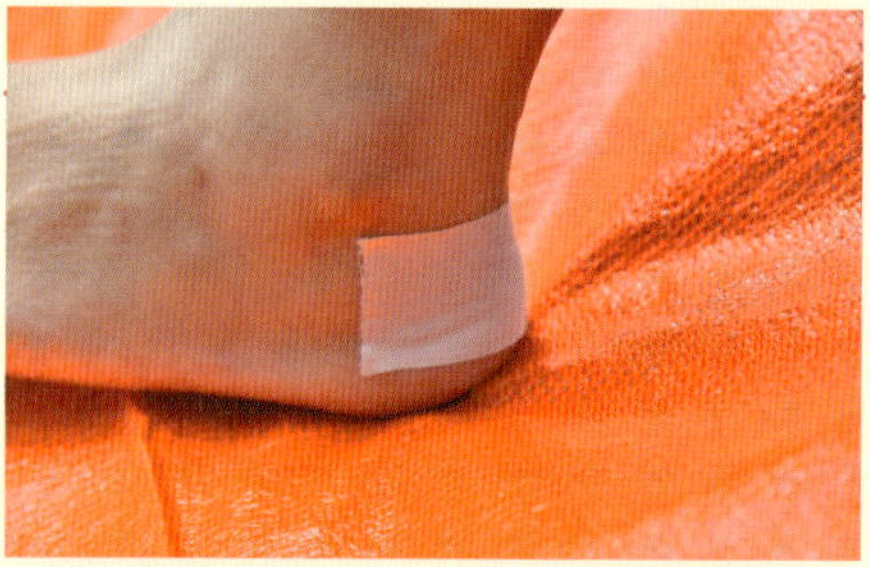

✚虫刺され

ブユやスズメバチ、ムカデのように強力な毒を持つ虫に刺されたり咬まれたりしたときは、速やかにポイズンリムーバーを使って毒を吸い出すこと。刺された直後に処置することが重要なので、ポイズンリムーバーはすぐ取り出せるところに入れておこう。吸い出したら、虫刺され用の薬（抗ヒスタミン軟膏）を塗る。肌が露出している部分には、あらかじめ虫よけスプレーを噴霧しておくとよい。

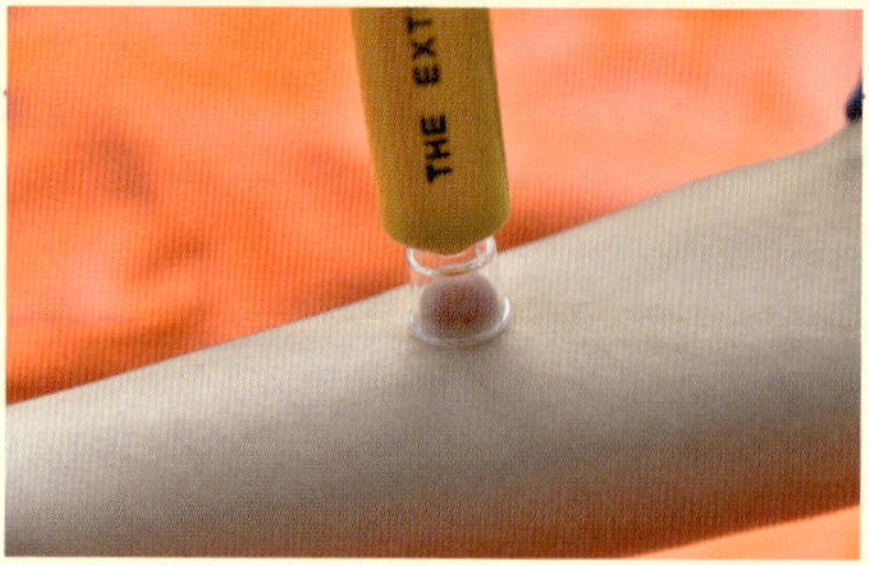

TRIVIA 【山と人11】ラインホルト・メスナー（1944〜）。イタリア。1986年に史上初めて8000m峰全14座完全登頂（無酸素）。著作『ナンガ・パルバート単独行』（2000年山と渓谷社）で、登攀のすべてと自己の内面を鋭く描く。

✚捻挫

足首を捻挫すると関節が腫れ、強い痛みが生じる。症状が軽い場合は患部を冷やせばよいが、重症の場合は、足首を固定する処置が必要。靴は脱がさずに、靴の上から三角巾を巻く。三角巾の代わりに非伸縮タイプのテーピングテープを巻く方法もある。骨折が疑われる場合は救助を要請する。

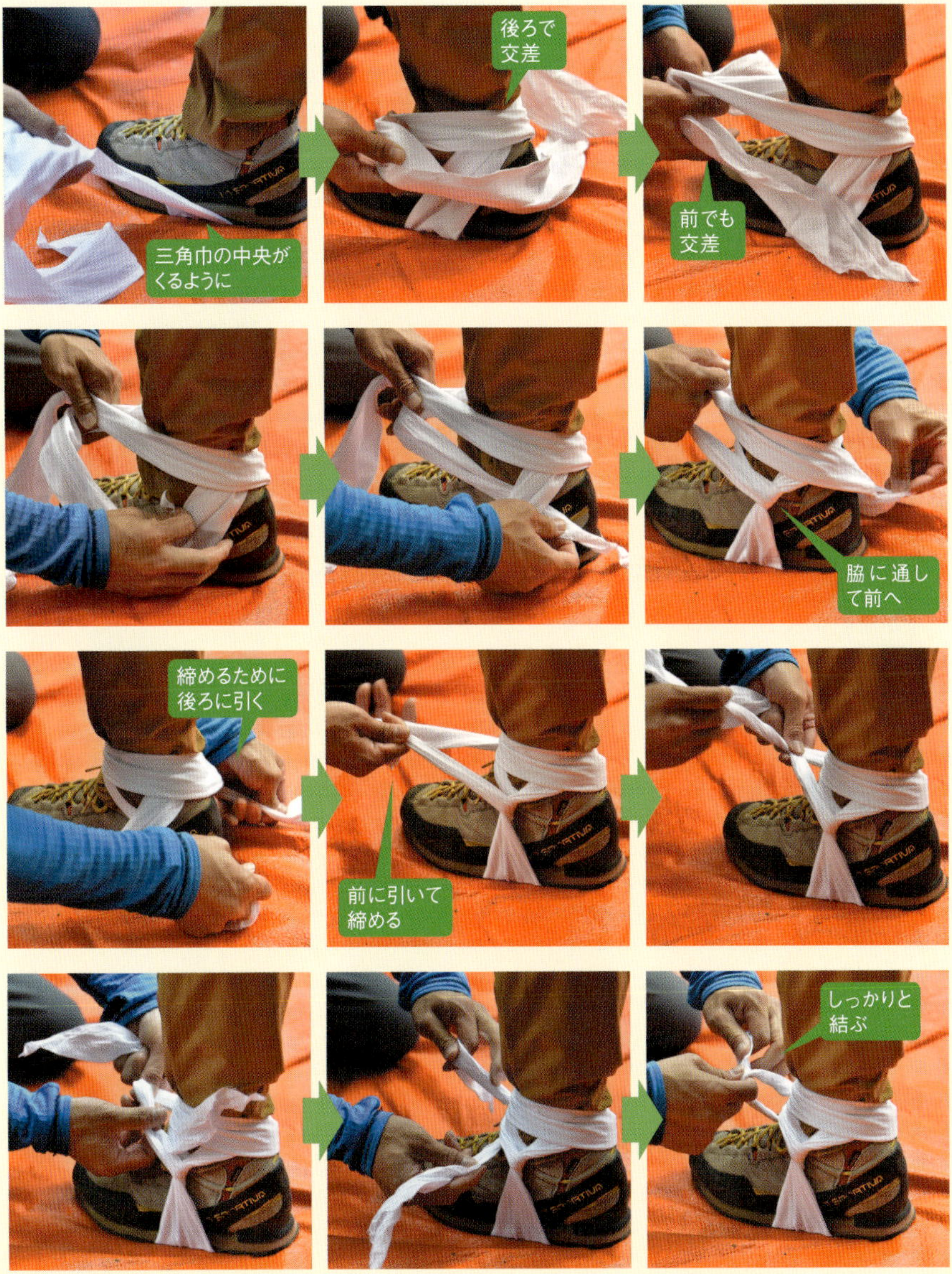

TRIVIA 【山と人 12】ジョージ・マロリー（1886-1924年）。イギリス。1924年に三度目のエベレストの登頂を目指すも、頂上付近で行方不明。1999年に遺体発見。登頂が証明されれば1953年のヒラリーを抜き初登頂者に。

「道迷い」は遭難原因の第1位

登山者の遭難原因の第1位が、「道迷い」です。分岐標識を見過ごした、濃霧や大雨でルートを見間違えた、暗くなってルートが認識できなくなったなど、ルートを見失う原因はいろいろ考えられます。

　予定と違うルートを進んだり、ルートではない場所に入り込んだりしてしまったら、ただちに歩行を中断し、落ち着いて対処方法を考える必要があります。「このまま行けば目的地に到着するだろう」という安易な思い込みや希望的観測に基づいて行動すると、深刻な事態を招きかねません。

　ここでは、道に迷わないための心構えと、迷ったときの対処法を紹介します。

ルートを見失う原因

1. 登山道や道標がなくなっている
2. 地図に載っていない登山道を、予定のルートと勘違いして進んでしまう
3. 下ばかり見ていて分岐標識を見逃し、予定外のコースに進んでしまう
4. 天気悪化や日没などで、ルートや標識を見失って現在地がわからなくなる
5. 倒木、クモの巣、落ち葉などが道を隠したり、獣道やトイレへの人の踏み跡に惑わされる

標識に注意し、コース外に入らないようにする

ルートを見失わないための対策

- 地図を購入し、登山前に全行程を確認しておく
- 必ず地図を携行し、分岐点ごとに地図で位置を確認する
- 台風や豪雨などによってルートが崩壊していないか、現地の最新情報を入手する
- 道に迷ったときに対処する時間を確保するため、早出・早着を心がける

分岐点に差しかかるたびに地図で確認

ルートを見失ったときの対処法

まずは心を落ち着かせる
やみくもに歩き回って事態を悪化させないよう、落ち着いて行動する。行動食を食べ脳と体に栄養を与える。

先に進むのではなく、引き返す
道に迷ったら、地図で位置確認ができる地点まで戻る。藪などコース外に入り込んでいた場合は、安全なルートを探りながら尾根を目指すこと。

地図、コンパスで位置を確認する
道に迷ってからはじめて地図やコンパスを取り出すのはNG。視界がきく間に、地図とコンパスを使って現在地を特定しておこう。なお、地図を読んだりコンパスを使ったりするには慣れが必要なため、普段から習慣付けておくことが大事だ。

下るのではなく、登る
楽だからといって安易に下ると、崖や沢に阻まれて先へ進めなくなることや転落の可能性もある。登山道に戻れない場合は、見通しのきく尾根を目指すこと。

暗くなったら、その場にとどまって朝を待つ
暗くなったら無理をせず、日が暮れて動けなくなる前にビバーク（野営）して朝を待つこと。暗闇の中を歩き回るのは危険。

TRIVIA 【山の美術館・博物館 1】安曇野アートラインは、長野県の安曇野市、池田町、松川村、大町市、白馬村に点在する19の美術館、博物館、公園を結んだ地域。世界的にもめずらしく、「美術館の里」と呼ぶにふさわしい景観。

直撃すれば大事故に 落石に注意

山歩きでは、落石にも注意が必要です。落石による遭難や事故は多くないものの、直撃を受けた場合は死亡、あるいは重傷を負うケースが想定されます。

落石は、自然落石と人為的落石の2つに分けられます。岩稜地帯では、風雨の影響で緩んだ岩が突然落下する場合があり、また雪渓では、周囲の山肌から落下して散乱した無数の石が、風雨の力で転げ落ちることがあります。これらは自然落石です。

一方の人為的落石は、登山者の手足が触れた石が剥離して落ちる現象です。どちらも前触れなく落下してくるため、岩稜帯や雪渓を通過するとき、また上方にほかの登山者がいる場合は十分に注意しましょう。

落石の発生原因とその対策

❶岩場などで風雨の影響により発生

落石が発生しやすいのは、大小さまざまな石が散乱している岩場やガレ場、雪渓などで、おもに風雨の影響によって落下してくる。これらの場所を通過する際は、上方を十分に警戒して、できるだけ速やかに通過しよう。また、このような場所での休憩は避けること。

ガレ場の通過時は上方に注意

❷登山者の不注意により発生

登山道の周囲には不安的な浮石がたくさん転がっており、ルートからはずれたときにそれらの浮石に触れると、落石につながることがある。また、安定しているように見えるルート上の石も、うっかり後ろ足で蹴ってしまうと落石を誘発する。なるべく静かに扱うこと。

「落石注意」箇所では、先頭の人が上方を見張る

自分の荷物が凶器と化すことも

上方から落ちてくるのは石だけとは限らず、登山者が落とした荷物が転がり落ちてくることも…。それは、自分の荷物が凶器と化し、ほかの登山者に重傷を負わせる可能性があることを意味しています。たとえば、ペットボトルや水筒、カメラなどを手に持ったまま歩いていると、何かの拍子で落としてしまうことがあります。万一、それらが下方の登山者を直撃すると事故につながるので、注意してください。

column

落石に気付いたら

❶身の安全を確保する

即座に落下コース上から退避して、身の安全を図る。鎖場やはしごを登っていて手足がふさがっているときは、落石をかわすことが難しくなるが、目を開けて落石を確認し続け、少なくとも頭部への直撃だけは避けるよう努めよう。

❷大声で周囲に知らせる

自分の身の安全を図ると同時に、大声で「ラーク!」（落石を意味する登山用語）と叫んで、下方にいる登山者に危険を知らせる。たとえ下方に登山者が見えなくても、叫ぶのが登山者のマナーだ。

TRIVIA 【山の美術館・博物館2】北アルプス展望美術館（池田町立美術館）は、長野県北安曇郡池田町にある。立地が素晴らしく、正面に北アルプス連峰と安曇野のパノラマが一望できる。息をのむほど美しい景観。

山には危険な生物も

山は動物のテリトリーです。ウサギや鳥、モグラなど、山の中で見かける動物のほとんどは無害なものばかりですが、なかには、人間にとって極めて危険な生物もいます。

イノシシや熊などの大型の野生動物が危険なことは言うまでもありませんが、ほかにスズメバチやサル、ヘビなどにも十分な注意が必要です。

もっとも、ほとんどの生物は臆病で、人間が意図的に近付いたり攻撃したりしないかぎり、襲ってくることはありません。怖いのは、お互いに鉢合わせしたときです。

登山中にこれらの危険生物に出合ったときはどうすればよいのでしょうか。ここでは、その対処法を紹介します。

山で危険な生物に遭遇したら…

スズメバチに遭遇したら

スズメバチは巣に近付くものを集団で攻撃する。巣は、崖下など雨が当たらない乾燥した場所にあり、周辺には監視役のスズメバチが飛んでいる。スズメバチや巣を見かけたら、すぐにその場を立ち去ること。刺されたら、ポイズンリムーバーで毒液を吸い出し、患部を水洗いする。香水の匂いや黒い服に反応することが知られているので、それらは避ける。

ヒルに取りつかれたら

吸血生物であるヒルは、積極的に人間に接近して取りつこうとする。活動が活発になる時期は6～10月頃。本州の広範囲に生息しているが、大量に繁殖するのは丹沢《たんざわ》や房総半島がよく知られている。この地域での登山を計画する場合はヒル情報に注意しよう。ポイントは肌を露出しないこと。万一取りつかれた場合は、酢や塩を振りかけて取り除く。

ヘビを見かけたら

注意が必要なのは、毒を持つマムシとヤマカガシ。どちらも性格がおとなしいため、こちらから接近したり刺激したりしなければ襲われる心配はない。たまたま手を置いたところにヘビがいて噛まれたとき、特に猛毒を持つマムシの場合は、速やかに救助を要請して病院で手当てを受ける。ポイズンリムーバー（→P.138）は、ヘビの毒液を吸い出すには不十分。

©Alpsdake

サルに出合ったら

サルは敏捷《びんしょう》で力が強く、知能も高い危険な生物。むやみに刺激すると襲ってくることがあるので、目を見つめたり大声を出したりしないこと。また、サルの群れに近付くと警告の鳴き声を発するので、その場合は動かずじっとしていれば、そのうちサルのほうから離れていく。攻撃をしかけてきても、背中を見せて逃げずに、後ずさりしながら距離を取る。

イノシシや熊と鉢合わせしないために

出合う可能性は低いものの、どちらも鋭利な牙や爪を持っているため、人間にとって極めて危険な生物だ。とにかく出合わないよう、熊よけの鈴をバックパックに付けて、こちらの存在や接近を知らせること。イノシシも熊も警戒心が強いため、向こうから遠ざかってくれる。不幸にも鉢合わせしてしまった場合は、ゆっくり後ずさりしてその場を離れよう。威嚇や死んだふりは禁物。熊よけ鈴は周りの迷惑になるので、山小屋、公共交通機関、集落では音が出ないようにしよう。

TRIVIA 【山の美術館・博物館3】安曇野ちひろ美術館は、絵本画家いわさきちひろや世界の絵本画家の作品を展示。約3000冊の絵本を読める部屋や木のおもちゃで遊べるスペースがある、北アルプスを望む絵本カフェを併設。

疲れを翌日に残さないために

山歩き後のボディケア

**一日中山歩きをした後は、体に疲労がたまっています。
下山後、あるいは山小屋泊の場合は山小屋で、
入念なストレッチを行って疲労の回復に努めましょう。**

脚を中心にストレッチを

長時間の山歩きでは、体に多大な負荷がかかります。山歩きを終えた後に何もしないままだと、筋肉痛や関節痛になるなど、翌日に疲れが残ってしまいます。疲労回復のために、まずはストレッチを行いましょう。

山歩きで酷使した脚（太もも、ふくらはぎ）を中心に、お尻、肩回り、首回りなどをほぐします。このとき、無理に「伸ばす」のではなく「血流をよくする」ことが大事。疲労物質の排出を促し、翌日に疲れが残らないようにします。

また、食事による栄養補給も重要です。特に糖質とタンパク質をしっかりとりましょう。サプリメントによるアミノ酸の摂取も有効です（↓P．129）。

山歩き後のストレッチ

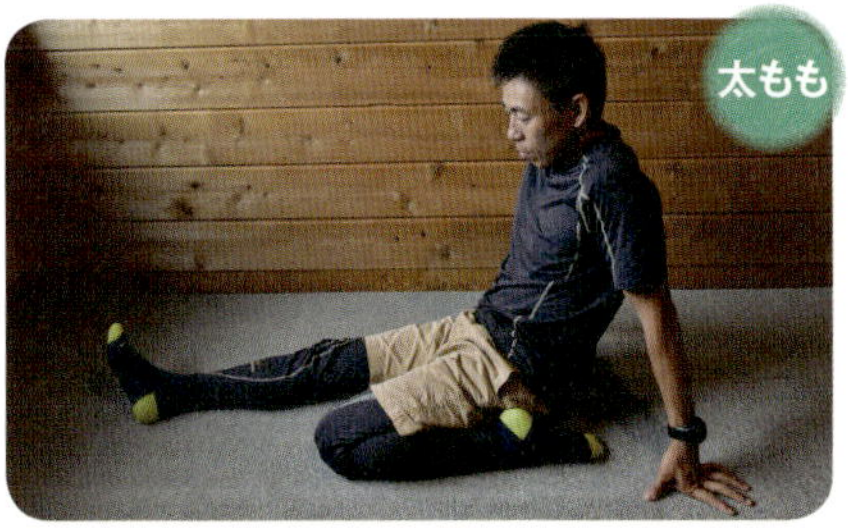

TRIVIA 【山の美術館・博物館4】市立大町山岳博物館は、1951（昭和26）年開館の日本初の「山岳」がテーマの博物館。北アルプスを中心とする自然や登山の歴史を展示するほか、貴重な資料の収集保管・調査研究をしている。

初心者は何をやるべき?

山歩きのトレーニング

山歩きは、体にかかる負荷が大きく、ケガをしやすいため、低山登山やウォーキングなど、日頃から歩くことでトレーニングをして、山歩きに備えておきましょう。

トレーニングの基本はたくさん歩くこと

山歩きは、厳しい自然条件下で行う、行動時間の長い全身運動です。ほかのスポーツと同様に、山歩きでも初心者がいきなりハードなことをするべきではありません。山歩きは一般的なスポーツよりもハードな面が多いため、最低限の装備を背負っての、負担が少ない低山登山や歩行距離が短い山歩きのトレーニングから始めましょう。

最高のトレーニング方法は「山歩き」。毎週末に登山ができる環境があれば、絶好のトレーニングになります。それが難しい人にとっては、ウォーキングが最適。普段から歩くことを心がけ、少しずつ心肺機能への負荷が高いトレーニングに移行していきましょう。

山歩きに必要な力①　心肺能力

心肺能力を高めるためには、人間の体で最も筋量が多い下半身の運動が不可欠。エスカレーターやエレベーターは使用せずに階段を使って上り下りすることに加え、なるべく長い距離を歩くことを意識しよう。体が慣れてきたら、軽めのランニングや水泳に移行する。

山歩きに必要な力②　歩く力

山歩きでは、長時間にわたって歩き続ける力が必要。これには精神力も含まれる。アップダウンが激しく、天候によって路面の状況や環境が刻々と変わるため、体力と精神力を消耗する。そのため、トレーニングとして最も効果的なのは実際に山を歩くことになる。

心肺能力と下半身の筋力を鍛える

ウォーキングの心得

- エスカレーターは使わず、なるべく階段で上り下りする
- 通勤・通学時に一駅分歩く
- バックパックを使用し、重たい荷物を入れて歩く
- 電車やバスでは着座しない
- 週に1～2度、2～3km程度のウォーキングを行う

TRIVIA　【山の美術館・博物館5】なるさわ富士山博物館は、富士山を知るための博物館。鉱石ミュージアム、オープンカフェ、1周1.5㎞の自然探索路など、「見る・知る・楽しむ」さまざまな施設がある。入館無料、年中無休。

柔軟性を養い筋力をつけよう

山には、飛び越えなければならない箇所や大股で通過しなければならないポイント、ぬかるんだ斜面もあるため、山歩きでは体の柔軟性やバランス感覚が求められます。体のかたさを自覚している人は、普段から柔軟体操やストレッチをしましょう。

柔軟性やバランス感覚を養うのにおすすめしたいのが、体の深部にある筋肉「インナーマッスル」の強化です。

山歩きでは、筋力も必要になってきます。特に、下山時に起こりがちな膝の痛みを避けるために、大腿四頭筋《だいたいしとうきん》（太ももの筋肉）を中心に鍛えましょう。大腿四頭筋はウォーキングで鍛えることが難しく、スクワットによるトレーニングが効果的です。

山歩きに必要な力③

体の柔軟性

山歩きでは、体力だけでなく柔軟性やバランス感覚が不可欠。体がかたい人は体力の消耗も激しくなる。ウォーキングやランニングの時間が確保できない人は、最低でも柔軟体操やストレッチだけは行うこと。2～3日毎に実施するだけでも、一定の効果がある。

山歩きに必要な力④

インナーマッスル

インナーマッスルを強化することで、悪路でもバランスよく歩けるようになり、転倒しにくくなる。バランスがよくなると、山歩き中のスタミナの浪費を抑えることができる。なお、インナーマッスルを強化するにはボルダリングもおすすめ。一般的な筋トレでは強化できない。

山歩きに必要な力⑤

腹筋と背筋

必要な道具を詰めたバックパックを背負う山歩きでは、上半身の筋肉、おもに背筋を酷使する。上半身の筋肉をつければ登山がより楽になるので、時間が空いたときなどに、腕立て伏せや背筋運動を行って鍛えておこう。

山歩きに必要な力⑥

握力

岩や枝をつかんだり、ストックを使ったりするときに、握力や腕力が必要になってくる。とはいえ、大げさなトレーニングは必要ない。自転車に乗るだけでも握力は鍛えられるので、自転車での移動を増やすなど工夫しよう。

山歩きに必要な力⑦

下半身の筋力

山歩きで最も痛めやすいのがひざ。下山時にありがちなひざの痛みを緩和・解消するために、スクワットで大腿四頭筋を鍛えよう。肩幅に足を広げ、背筋を伸ばしたまま太ももが水平になるところまでゆっくりと腰を落とす。これを、1日20回程度を目安に続けるとよい。

上半身と下半身を鍛える

筋トレの心得

- 1日20回程度のスクワット
- 階段や段差を使った踏み台昇降
- 握力を鍛えるため自転車に乗る
- 腕立て伏せ
- 腹筋・背筋運動

TRIVIA 【山の美術館・博物館6】白山高山植物園は、高山植物を低地栽培する試験地として標高800mにある。白山に登らなければ見ることができない高山植物を、少し早く楽しむことができる。毎年6月中旬から7月初旬限定。

おとな女子登山部

私たちの大好きな山

日本百名山をはじめ、全国各地の山を歩いている
おとな女子登山部のメンバーですが、
その中でも特にお気に入りの山を教えてもらいました！

甲斐駒ヶ岳《かいこまがたけ》（南アルプス）

標　高▶2967m
所在地▶山梨県北杜市、長野県伊那市

どっしりとした雄大な山！ 黒戸尾根登山道は、刃渡りと山頂直下の摩利支天付近を注意すれば、道迷いなく歩きやすいコースです。帰りは北沢峠へ下山すれば早くて楽ちん。自信がついたら黒戸尾根日帰り登山に挑戦を！ 標高差2200mの長丁場ですが、達成感がありますよ♪

なみへ〜

日本百名山の
甲斐駒ヶ岳

登頂記念の一枚

おすすめルート

表参道、黒戸尾根から北沢峠へ
1日目:竹宇駒ヶ岳神社～刀利天狗～七丈小屋(泊)
2日目:七丈小屋～甲斐駒ヶ岳～北沢峠

ヤツガタケキスミレ

かっこいい双耳峰、
西天狗と東天狗

天狗岳（南八ヶ岳）

標　高▶2646m
所在地▶長野県茅野市

噴火でえぐれた硫黄岳の向こうに見える、美しい双耳峰《そうじほう》。赤岳に登ったとき、次に登りたいと思ったのが天狗岳です。抜けるような青空に映えるきれいな稜線に思わずガッツポーズ！ 植物も八ヶ岳の景色も楽しめる、いいとこ取りの山旅になりますよ。

スカーレット

おすすめルート

桜平～オーレン小屋～硫黄岳～夏沢峠～
根石岳山荘～天狗岳～根石岳山荘～
オーレン小屋～桜平(日帰り)

白山《はくさん》

標　高▶2702m
所在地▶石川県白山市、岐阜県白川村

日本百名山のひとつであり、日本三霊山（三名山）としても人気の山です。砂防新道はよく整備された登山道で、コース上には水洗トイレや水量が豊富な水場があり、初心者でも安心。室堂で山小屋に宿泊すれば、ご来光を見ることもできます！

ニコ

おすすめルート

別当出合から砂防新道を往復（1泊2日）

山頂付近から
翠ヶ池を見下ろす

山頂にて

宮之浦岳《みやのうらだけ》（屋久島）

標　高▶1936m
所在地▶鹿児島県屋久島町

永田岳から見た宮之浦岳

私が登山に目覚めたきっかけが屋久島です。人気の縄文杉をはじめ、苔ワールドの白谷雲水峡、森林限界を超えた九州最高峰の宮之浦岳、展望抜群の黒味岳など、見どころ満載！ 体力が必要なコースですが、各スポットを日帰りで楽しむこともできます。

つじまい

おすすめルート

1日目：白谷雲水峡～太鼓岩～縄文杉～新高塚小屋（泊）
2日目：新高塚小屋～宮之浦岳～黒味岳～淀川登山口

雨飾山《あまかざりやま》

標　高▶1963m
所在地▶新潟県糸魚川市、長野県小谷村

湿原からスタートして2時間ほど登ると、いきなり視界が開けて荒菅沢から圧巻の布団菱（東面の岩壁）を見上げることができます。急な場所もありますが、がんばって笹平までたどり着くと、360度の大展望が！ 秋には紅葉も楽しめます。

るんちゃん

紅葉が美しい
雨飾山

おすすめルート

雨飾高原キャンプ場～荒菅沢～山頂～荒菅沢～雨飾高原キャンプ場（日帰り）

秋の山歩き
紅葉の北八ヶ岳へ

さわやかな夏山もよいけれど、
木々が色付く秋山も素晴らしい。
北八ヶ岳で、白駒《しらこま》池の美しい紅葉と
秋の山歩きを満喫してきました。

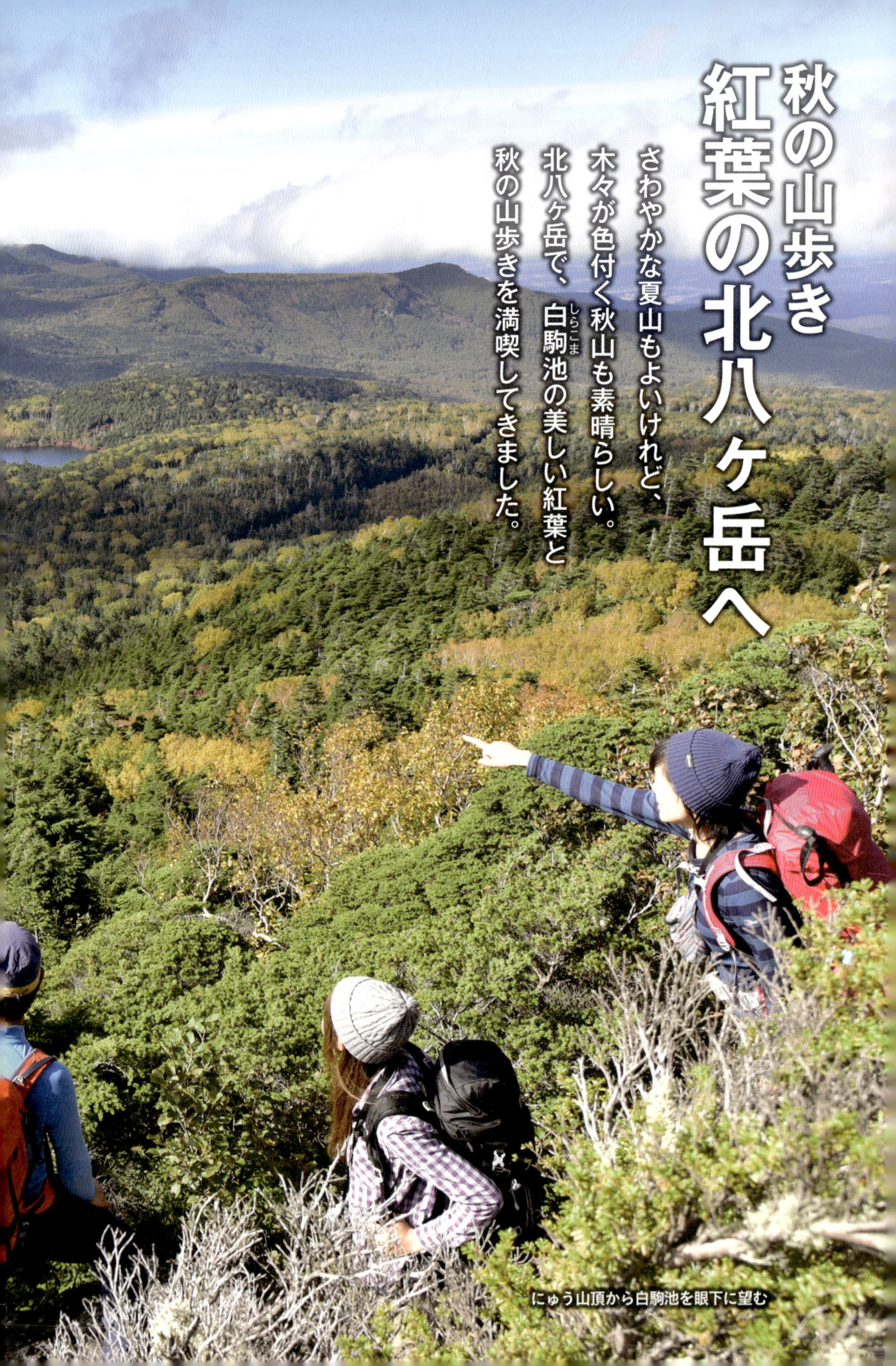

にゅう山頂から白駒池を眼下に望む

秋色の絶景に
目を見張る

「にゅう」？「にう」？
どっちが正しいの？

「苔の森」には485
種類のコケが生息

白駒《しらこま》池から「にゅう」に
向かう途中にある白駒湿原

白駒池の周りには
「苔の森」が広がる

「苔の森」を抜けて展望スポットへ

にゅうから中山峠に向かう途中で、絶景ポイントを発見！

赤や黄色に色付く木々を愛でながら、黒百合ヒュッテを目指す

中山峠を経由して、
黒百合ヒュッテに到着

温かいコケモモティーに
ほっこり幸せ気分

ランチの後は
ティータイム

上／人気のカフェコーナー「チョコレートリリー」
下／名物チキンカレーは絶品

にゅう

Mt. Nyu

2352m／山梨県

八ヶ岳連峰にある岩峰の山。
刈り取った稲束を積上げた
「にお」が語源とされる。

にゅう山頂では、午前中のガスが嘘のように晴れ、青空が広がった

どこまでも続く幻想的な雲海を目の前に、雲上の気分に浸る

雲の切れ間から東天狗岳（左）と西天狗岳（右）の二峰が見え隠れ

足元のマクロの世界にも
注目してみよう！

ほら見て！
まるで黄色の絨毯

コケが広がる神秘的な
原生林にうっとり…

森の中は少し冷えるので
防寒着で暖かく

にゅう登頂後、白駒《しらこま》池を目指して足取り軽く下山する3人

待っていたのは紅葉に染まる白《しら》駒《こま》池

標高2100m以上に位置する白駒池。周りには遊歩道が整備されている

白駒池のほとりで紅葉を堪能しながらティータイム

赤、黄、オレンジ…。美しい紅葉をパチリ

イメージキャラクター「コケ丸」のグッズも

一面に広がるコケに癒されながら歩く

CHAPTER
5

もっと山を楽しもう!

山歩きのお楽しみ

Fun things of mountain hiking

雄大な景色や自然とのふれあい以外にも、
美味しい山ごはんや山小屋ステイなど、
山歩きには＋αの楽しみがたくさん!
撮影テクニックや冬山の知識も知っておくと、
山歩きがもっとおもしろくなるでしょう。
山のお楽しみポイントを紹介します。

山ごはんを作るには？

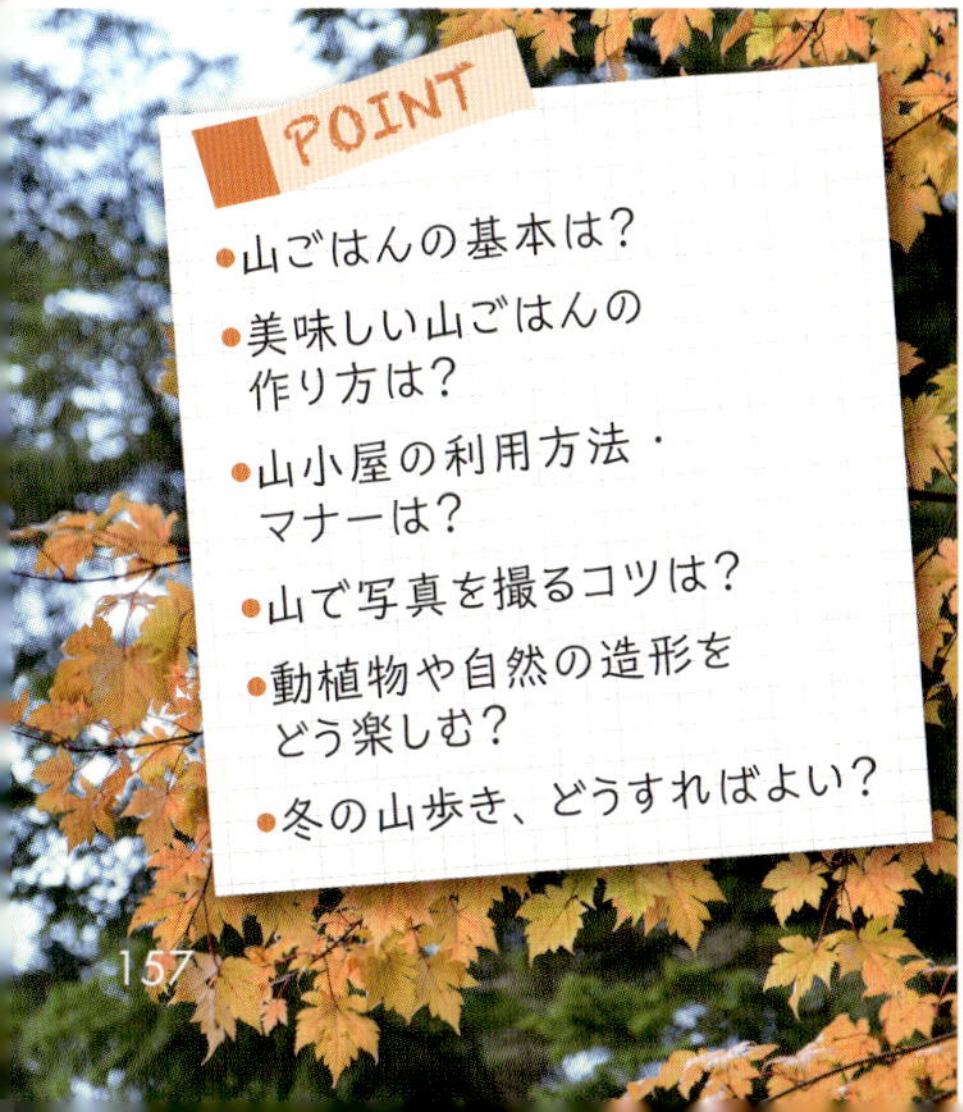

POINT

- 山ごはんの基本は？
- 美味しい山ごはんの作り方は？
- 山小屋の利用方法・マナーは？
- 山で写真を撮るコツは？
- 動植物や自然の造形をどう楽しむ？
- 冬の山歩き、どうすればよい？

簡単&美味しい山ごはんが作りたい！

山ごはんを楽しむ

山で食べるごはんは、山歩きの大きな楽しみ。自分で作ったごはんであれば、なおさらです。山ごはん作りのポイントや、レシピを紹介しましょう。

軽量化と下準備、水の節約が大事

山で自分が作った温かいごはんが食べたい…！　あらかじめ用意した行動食をいただくのもよいですが、山歩きに慣れてきたら、山ごはん作りに挑戦してみましょう。

山でごはんを作るには、いくつか考慮しなければいけないことがあります。食材や調理器具を持ち歩かなければいけないので、できるだけ軽量化を図ること。現地での調理に手間と時間をかけずに済むよう、下準備をしておくこと。これはゴミの削減にもつながります。また、調理に必要な水は、持ち運べる量が限られているので、水の節約も重要です。

山ごはんを作るのに必要な調理器具や、食べるときに使うアイテムは、軽量で機能的なものがいろいろとあります。次ページを参考に、まずは最低限必要なものをそろえましょう。

材料も、フリーズドライ食品や、手軽に美味しい料理を作るための調味料などをうまく利用すれば、山でも本格的な味が楽しめます。

ポイントを押さえて、山ごはんを作ってみましょう！

山ごはんのポイント

1 軽量化

山ごはんを作るには、食材や水、調理器具を持ち歩く必要があり、荷物が重くなる。食材は、乾燥したものを使ったり、パッケージをはずしてジッパー付きビニール袋にまとめたりして、軽量化を図ろう。調理器具はできるだけ軽い素材のものを選ぶ。

2 下準備

山での調理にはあまり時間がかけられないので、効率よく行うことが大事。野菜などの食材を切っておく、調味料に漬け込んでおくなど、事前に下準備をすると、調理時間が短縮できる。また、食材や調味料を必要な分だけまとめておけば、ゴミも削減できる。

3 水の節約

お湯を沸かしたり、食材をゆでたりするのに欠かせない水。調理する場所の近くに水場があるとは限らないので、登山ルートのどこに水場があるかチェックしておこう。水は重いので、運ぶ距離は短いほうがよい。限られた量の水を、工夫しながら大切に使おう。

山ごはんで、山の楽しみ方の幅が広がる

TRIVIA 【山の映画1】『八甲田山』（1977年公開）。新田次郎の小説『八甲田山死の彷徨』が原作。1901年日露開戦に向けての雪中行軍で、210名中199名が亡くなった遭難事故を描く。高倉健と北大路欣也が熱演し大ヒット。

そろえておきたい！

山ごはんの基本アイテム

山ごはんを作る・食べるのに必要なアイテム。
軽くてコンパクトなものを厳選しましょう。

❶ コッヘル

登山やキャンプで、鍋やフライパン代わりに使う、チタン製やアルミ製の小型調理器具。

❷ シングルバーナー

バーナー（ストーブ）とガスカートリッジをセットで使う。製品によって火力が異なる。

❸ おたま

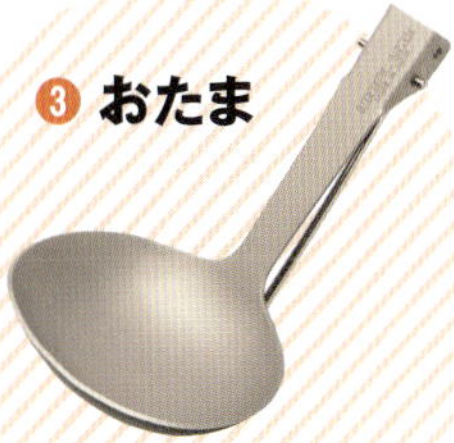

折りたたみ式でコンパクトになるおたまは、汁もの調理に。

❹ シェラカップ

コップとしてもお皿としても使え、目盛りが入っているものは計量カップにも。直火にかけられる。

❺ カトラリー

折りたたみ式のスプーンやフォーク、スプーン・フォーク・ナイフが一体化したもの、携帯分割箸など。

❻ ナイフ

コンパクトかつ安全に折りたためる、フォールディング・ナイフが便利。

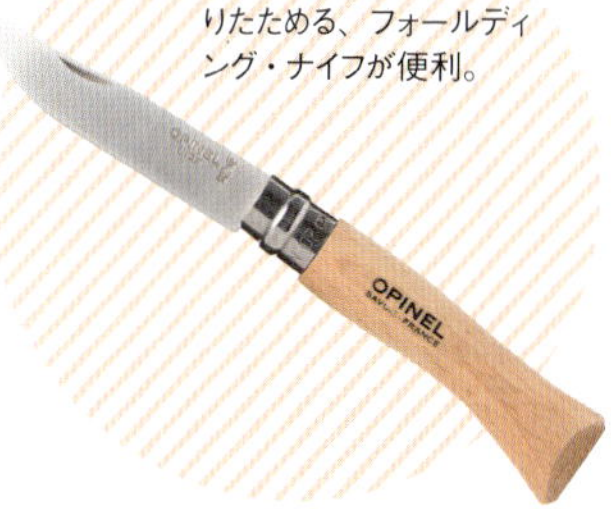

❼ ウォーターキャリー

水を入れておいたり、水場から水を運んだりするための容器。水を使った後はコンパクトにたためる。

あると便利！ 保冷バッグ

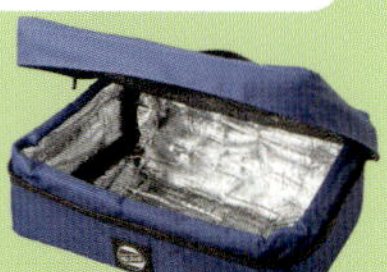

特に夏場など暑いときの食材運びに重宝する。

TRIVIA 【山の映画2】『アルプスの若大将』（1966年公開）。加山雄三主演、シリーズ第7弾でシリーズ最大のヒットとなる。国体にスキーで出場した経験もある加山雄三。颯爽と滑る若大将のスキーシーンも見どころ。

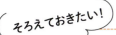

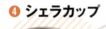

おとな女子登山部

おとな女子登山部考案！

山ごはんレシピ

具だくさんで食べごたえアリ！

「畑のお肉」でガパオライス

タイ料理の人気メニューが山でも楽しめます！ 軽くて傷まない「畑のお肉」は山ごはんにぴったり。余ったライムは調理器具の油汚れ落としに使えます。

材料 （2人分）

尾西の白飯（アルファ米）	1袋（260g）
畑のお肉（大豆ミート）	1カップ
即席たまねぎスープ	1袋
パプリカ	1個
ヤングコーン	50g
ガパオライスの素	2人分
卵	2個
水	適量
オリーブオイル	適量
めんつゆ	適量
乾燥バジル	適量
ライム	1個

POINT

山で重宝する「尾西の白飯」を利用

POINT

「畑のお肉」は、お湯よりもたまねぎスープでもどすほうが美味しい！コンソメでもOK

作り方

1. お湯を沸かし、適量をアルファ米に加えて15分おく。
2. 畑のお肉に即席たまねぎスープを加え、お湯を注いでもどす。

3. 熱したフライパンにオリーブオイルを引き、食べやすい大きさに切ったパプリカとヤングコーンを炒め、もどした畑のお肉を加える。

4. ガパオライスの素を入れ、めんつゆで味を調える。
5. 器に❶の白飯をよそい、❹の具を盛る。
6. コッヘルで目玉焼きを作って❺の上にのせ、乾燥バジルを振りかけライムを添えて完成。

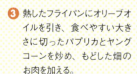

野菜たっぷり！ショウガでポカポカ

あんかけパリパリ かた焼きそば

山で不足しがちな野菜がたくさん食べられる一品。とろみがあると冷めにくく、汁も残らないので、あんかけは山歩きの味方！ ごはんにかけると中華丼に。

材料 （1人分）

八宝菜の素（粉末）	適量
シーフードミックス	60〜65g
カット野菜	130〜140g
（好みの野菜を用意してもOK）	
かた焼きそば	1人分
油	適量
ショウガ（チューブ）	適量
醤油	適量
片栗粉	適量
水	適量

POINT
冷凍シーフードミックスは保冷剤代わりにもなる

作り方

1. お湯を沸かし、八宝菜の素を溶かす。
2. 熱したコッヘルに油を引いて、シーフードミックスと野菜を炒める。

3. 油が全体にまわったら、少し水を入れてふたをする。
4. いったん火を止めて、❶を鍋に入れてかき混ぜる。

5. ショウガ・醤油を足し、片栗粉でとろみを調整する。

6. 器にかた焼きそばをのせ、その上に❺をかけて完成。

ワンランク上の山カレー

タンドリーチキンカレー

ドライカレーに鶏肉やきのこを加えてボリュームアップしたメニュー。自宅で下準備をしておけば、当日は簡単調理でOK。ミニトマトで彩りもプラス！

材料 （1人分）

鶏もも肉	75g
ミニトマト	5粒
タンドリーチキンの素	1袋
きのこミックス	1袋
アルファ米ドライカレー	1袋
油	適量
乾燥ニンニク	適量
塩・コショウ	各適量
乾燥バジル	適量
水	適量

下準備

自宅で鶏もも肉を一口大に切り、タンドリーチキンの素をもみ込む。ミニトマトは洗ってヘタを取り、水気を拭き取ったら、鶏もも肉と一緒に袋に入れて冷凍する。

作り方

1. お湯を沸かし、ドライカレーに注いでもどす。
※中の乾燥剤とスプーンは抜く

2. 熱したフライパンに油を引き、乾燥ニンニク、鶏もも肉、ミニトマト、きのこミックスを炒める。好みで塩・コショウを振る。

3. アルミホイルでふたをして、しばらく蒸し焼きにする。

4. ドライカレーを器に盛りつけ、炒めた2の具材をのせる。
5. 好みで乾燥バジルをかける。

POINT

きのこで
ボリュームアップ！

POINT

トマトを冷凍すると、
うまみが増して味が
しみこみやすい！

トマトの酸味がやみつきに！

イタリアン トマトラーメン

山ごはんの定番・チキンラーメンを、トマトとチーズでイタリアンテイストにアレンジ。ミックスビーンズの食感がアクセントに。ほっこり温まります！

材料 （1人分）

- 無塩トマトジュース……200ml
- チキンラーメン……1袋
- ミックスビーンズ……1袋
- スライスチーズ……1〜2枚
- 水……200ml
- パセリ……適量

POINT

ミックスビーンズで
食べごたえアップ！

作り方

1. トマトジュースと水をコッヘルに入れて沸騰させる。

2. 沸騰したら、チキンラーメンとミックスビーンズを入れる。

3. 適当な大きさにちぎったスライスチーズをのせる。

4. 麺が食べごろになったら、コッヘルを火からおろし、パセリを振って完成。

チーズがとろ〜り

ホタテとカニのうまみを堪能

ホタテとカニのクリームリゾット

クリーム系ベースにトマトペーストを加えるのがポイント。ホタテ・カニのうまみと相まって、味わいに深みが増します。冷めても美味しいのがうれしい。

材料（2人分）

玉ねぎ……………………………………小1個
マッシュルーム…………………………5〜6個
カニ缶（またはパウチ）…………………1個
ホタテ缶（またはパウチ）………………1個
即席ポタージュスープ……………………2袋
トマトペースト……………………………1〜2袋
尾西の白飯（アルファ米）……1袋（260g）
オリーブオイル…………………………適量
水…………………………………………適量
粉チーズ…………………………………適量
フライドガーリック………………………適量
野菜チップス……………………………適量
塩・コショウ……………………………各適量
パセリ……………………………………適量

POINT

ホタテやカニはパウチのものだと
軽量化&ゴミ削減に

下準備

自宅で玉ねぎをみじん切りにしておく。

作り方

1. 熱したコッヘルにオリーブオイルを引き、みじん切りにした玉ねぎを炒める。
2. 玉ねぎがしんなりしてきたら、適当な大きさに切ったマッシュルームを加える。
3. ある程度炒めたら、具材がひたひたになる程度まで水を入れ、カニとホタテを加える。

4. 即席ポタージュスープを入れてかき混ぜ、さらにトマトペーストを加え、ひと煮立ちさせる。
5. アルファ米を加え、様子を見ながらかき混ぜる。水が足りなければ足す。

6. 好みで粉チーズ、フライドガーリックを加え、塩・コショウで味を調える。
7. 器に盛りつけたら野菜チップスを飾り、適宜パセリを振って完成。

リッチなクリームソースに大満足

ベーコンと玉ねぎのクリームパスタ

5分煮込むだけの手軽なインスタントパスタと、フリーズドライのクリームシチューを使って、簡単調理で濃厚なクリームパスタが楽しめます！

材料 （1人分）

玉ねぎ……1/2個
ベーコン……1枚
ブロッコリー……1/4房
ソル・レオーネ エスプレッソパスタ（スパゲッティ チーズ&ブロッコリー）……1袋
牛乳……120ml
アマノフーズ クリームシチュー……1袋
油……適量
水……300ml
コンソメ、塩・コショウ……各適量
乾燥パセリ……適量

下準備

自宅で玉ねぎをみじん切りにし、ベーコンを小さく切っておく。ブロッコリーは下ゆでして適当な大きさに分けておく。

POINT
材料を切っておくと調理時間の短縮に

POINT
フリーズドライ食品を利用して簡単調理！

作り方

❶ 熱したフライパンに油を引き、ベーコン、玉ねぎ、ブロッコリーを炒める。

❷ 玉ねぎがしんなりしてきたら、具材をいったん別の容器に移す。

❸ 同じフライパンに水を入れて火にかけ、沸騰したらエスプレッソパスタを作る。

❹ パスタに火が通ってきたら、牛乳とクリームシチューを入れ、様子を見ながら煮込む。

❺ ❷の具材をフライパンに戻し、パスタに混ぜる。コンソメと塩・コショウで味を調えたら、器に盛りつけ乾燥パセリを振る。

手軽＆時短のガッツリメニュー

「すいすいパスタ」でペペロンチーノ

「すいすいパスタ」（水漬けパスタ）で、モチモチ食感の美味しいスパゲティが作れます！ ゆで汁問題がなく、使う調理器具が少ないので後片付けもラクチン。

材料（1人分）

スパゲティ……………………100〜150g
ペペロンチーノの素………………1人分
おつまみ用ホタテ………………1パック
水………………………………………適量
乾燥パセリ……………………………適量

下準備

スパゲティを半分の長さに折り、水を入れたジップロックに1時間以上浸ける。

※パスタ（g）と水（ml）は1：3の割合で

作り方

1. 下準備したスパゲティをフライパンに入れ、少量の水を加えてスパゲティが透明になるまで1〜2分火にかける。

2. ペペロンチーノの素、ホタテを加えて絡める。

3. 好みで乾燥パセリを振って完成。

POINT

ペペロンチーノの素を使うので、失敗知らずで味が決まる！

POINT

すべてコンビニで手に入る材料なので、当日でも準備が可能

山でも本格スイーツが食べたい！

オレンジ風味のフレンチトースト

カフェで出てくるようなフレンチトーストが、山でも簡単にできます。オレンジの酸味がさわやか。ジュースを変えれば、いろいろな味が楽しめます。

材料 （1人分）

フランスパン……………………………2切れ
オレンジジュース…………………100ml
砂糖……………………………………大さじ1
バター…………………………………大さじ1
ホイップクリーム、ミント………各適量

POINT
チューブバターが便利

POINT
ホイップクリームは、暑い時期は冷凍するか保冷剤を入れて持ち運ぶ

作り方

1. フランスパンを2cm幅にカットする。
2. オレンジジュースに砂糖を入れ、フランスパンを両面しっかりと浸す。

3. バターを溶かしたコッヘルで、色が付くまでフランスパンを焼く（弱火で）。

4. 片面が焼けたらそっとひっくり返し、やや強火でもう片面を焼きあげる。

5. やわらかいので、ヘラを使うか、コッヘルに器をかぶせてひっくり返し、器に移す。
6. 好みでホイップクリームやミントをのせて完成。

登山者を温かく迎える憩いの場

山小屋を楽しむ

山小屋泊での登山は日帰りよりハードルが高いと思うかもしれません。しかし、実は体力的には楽なのです。快適な山小屋ステイのポイントを紹介しましょう。

山小屋に泊まればさらに山が楽しくなる

山で泊まるのは山歩き初心者には難しいのでは…。そんなふうに思われがちですが、泊まりだとその日のうちに下山しなくてよいので、実はゆとりがあって楽なのです。

山小屋泊なら、テント泊と違って荷物がそこまで増えることもありません。温かい食事やほかの登山者との交流など、山小屋ならではのお楽しみもたくさん。山小屋を目当てに山に登るという人もいるほどです。

ただ、山という厳しい環境にあるので、ホテルや旅館のようにはいきません。避難所としての機能も果たしており、いろいろと制約があるので、利用するうえでのマナーや注意事項を知っておきましょう。

燕岳《つばくろだけ》にある女性に大人気の山小屋「燕山荘《えんざんそう》」

TRIVIA 【山の映画3】『氷壁』(1958年公開)。原作は井上靖の同名小説(1956-57年、朝日新聞に連載)。冬の前穂高を登攀する迫力満点のシーン、河原で友を荼毘に付すシーンなど名場面が多い。詩を朗読する美しいラスト。

山小屋ってこんなところ!

部屋のタイプ

男女一緒の相部屋が基本。人気の山小屋では、ハイシーズン中は布団と自分の荷物を合わせてスペースが1畳程度になることも。予約の有無にかかわらず到着順に部屋を割り当てられることが多い。値段は相部屋よりも割高になるが、個室を備えた山小屋もある。

相部屋（①②）と個室（③）。寝具は用意されている

食事の提供

山小屋泊でうれしいのが温かい食事。素泊まりもあるが、荷物を減らすためにも2食（夕・朝食）付きがおすすめ。山小屋によっては、旬の地元食材を使ったこだわり料理を出してくれる。翌日昼の弁当を頼めるところも。宿泊しなくても、昼食のみの利用が可能な山小屋もある。

夕食は17時頃。混んでいるときは2部制になることも

①朝食の一例　②コーヒーとケーキでカフェ気分を味わう　③本格的なカレーが食べられる山小屋も

TRIVIA 【山の映画4】『黒い画集 ある遭難』（1961年公開）。松本清張の小説『遭難』が原作。鹿島槍ヶ岳を舞台とした山岳ロケが素晴らしく、当時の山小屋の様子、懐かしい夜行列車やバスなどが登場。モノクロ映画。

施設・設備

山小屋ならではの設備は乾燥室。雨などで濡れたウェアを乾かすことができ、大変助かる。基本的にお風呂はなく、あっても石けん・シャンプーの利用はNG。トイレはくみ取り式や水洗式、環境配慮型などさまざま。携帯電話の充電コーナーを設けている山小屋もある。

①乾燥室の入り口　②洗面所は譲り合って使う　③トイレ利用時の注意点は要チェック

④充電する際は利用料を忘れずに
⑤談話室でほかの登山者と交流を
⑥自炊場のある山小屋も

山小屋の水事情

山では水は貴重な資源。特に稜線上の山小屋では、炊事や洗面、飲料用の水を雨水や雪解け水に頼っているので、日常生活のように水を不自由なく使うことはできません。洗髪はもちろんのこと、洗顔や歯磨きを禁止している山小屋もあります。OKのところでも、石けんや歯磨き粉は使えないので、クレンジングシートや汗拭きシート、歯磨きガムなどの利用がおすすめ。水は出しっぱなしにせず、素早く済ませましょう。

沢が近い山小屋では飲料用の水が無料でくめる

TRIVIA 【山の映画5】『銀嶺の果て』(1947年公開)。三船敏郎のデビュー作。黒澤明脚本。銀行強盗が日本アルプスの山小屋に逃げ込む。モノクロ映画だが、冬山の映像が美しい。野性味あふれる三船敏郎が印象深い。

到着から就寝まで

山小屋ステイ・レポ

実際の山小屋泊ってどんなの…？
北アルプスで人気の山小屋「燕山荘《えんざんそう》」での
到着から就寝までの過ごし方をレポート！

11:30 山小屋に到着!

中房温泉登山口から約５時間で
燕山荘に到着。

11:35 チェックイン

フロントで宿泊者カードに
記入し、チェックイン。

11:40 部屋へ

手続きが終わった人から
一般客室に案内される。

バックパックと
登山靴は
指定の場所へ

12:00 お昼ごはん

昼食に燕山荘自慢のカレーとビーフシチューを。

13:40 燕岳《つばくろだけ》登頂!

燕岳山頂までは約40分。身軽なのがGOOD。

15:00 コーヒーブレイク

燕山荘に戻り、自分へのごほうびに自家製ケーキを。

山で本格スイーツが楽しめる♪

15:30 乾燥室へ

雨で濡れたウェアを干す。乾いたらすぐ回収を。

間違えないように名札を付ける

16:00 リラックスタイム

山関係の本が並ぶ図書ルームで写真集を眺める。

17:30 晩ごはん

バランスがよく美味しい食事は
登山者に大好評!

オーナーによる
ホルン演奏が名物

品数が多いのも
うれしい

18:30 フリータイム

売店をチェックしたり、
夜景を眺めたり…。

Tシャツ
かわいい!

19:30 就寝準備

着替えたり寝床を整えたり
して寝る準備を。

折りたたみ式のソーラー
ライトがあると便利

20:00 消灯・就寝

消灯後は周りの迷惑に
ならないよう早めに寝る。

おやすみなさい…

ここでしか出合えない絶景を撮る

山で写真を楽しむ

山で出合った美しい風景は、写真に残しておきたいもの。
人に見せるほか、自分にとってのよい思い出にもなります。
各種カメラや、山で役立つ撮影テクニックを紹介します。

どんなカメラを持っていけばよい？

山歩きにどんなカメラを持っていけばよいかは、どの程度の写真を撮りたいのかによります。荷物になってでもいい写真が撮りたいのか、気軽にサクサク撮りたいのか…。

山歩きにおいては、荷物の重さが体への負担となるので、望む写真スタイルや自分の体力に合わせて、持っていくカメラを選びましょう。

よりクオリティの高い写真が撮りたいのであれば、一眼レフやミラーレス一眼カメラがおすすめ。持ち運びの手軽さなどを重視するならコンパクトデジタルカメラ（コンデジ）もよいでしょう。

また、最近ではスマートフォン（スマホ）のカメラもあなどれません。スマホのカメラ機能は各社がしのぎを削っているので、日々向上しており、中途半端なカメラよりもずっときれいな写真が撮れることも。その場の感動をすぐにSNSにアップできるのもうれしい点です。

次ページを参考に、それぞれのカメラのメリットとデメリットを照らし合わせて、選ぶヒントにしてみてください。

三脚はいる？いらない？

三脚なしでもそれなりによい写真は撮れるので、基本的には不要です。しかし三脚を使えば、手ブレのないクリアな写真や、星空などスローシャッターが必要な写真も撮れます。山頂などで記念撮影をするときにも便利。もし荷物に余裕があれば、手の平サイズの小型タイプを持っていくという方法もあります。

column

TRIVIA 【山の映画6】『山と食欲と私』（信濃川日出雄）。27歳の単独登山女子、日々野鮎美が活躍する漫画。『MERU／メルー』（2016年公開）のコラボムービーとして実写版が2017年に制作。YouTubeで観ることができる。

カメラごとのメリットとデメリット

軽量かつ高画質
ミラーレス一眼カメラ

一眼レフよりも小さく、画質も使い勝手も引けを取らないミラーレス一眼カメラ。いいことずくめのようだが、一番のデメリットはモニターで絵を確認しながら撮るので、正確な色を把握しにくいこと。また、バッテリーの消費が早い。充電ができない縦走などの場合は、交換用のバッテリーが必須となる。

メリット

- 一眼レフよりも小さくて軽い
- 交換レンズがある
- シャッター音が小さい

デメリット

- バッテリーの消費が早い
- 正確な色を把握しにくい

本格的に撮るのなら
一眼レフカメラ

©Dominionart / Shutterstock.com

一眼レフは鏡に映った画像をファインダーで覗く方式なので、実際に目に映るものとカメラに記録されるものがほぼ同じというのが大きい。動物や鳥などを撮る際には、タイムラグがないこともポイントに。また、バッテリーの持ちがよいので、縦走やテント泊などで充電できない場合に重宝する。

メリット

- 画質がよい
- 交換レンズが多彩
- バッテリーの持ちがよい

デメリット

- 大きくてかさばる
- 重い

撮ってすぐSNSに投稿
スマートフォン

携帯電話に付属した機能とはいえ、スマホカメラの性能は向上しており、画質的にコンデジに引けを取らない。撮ってすぐにSNSにアップすることができ、アプリで好みの写真に修正も可能。ただし、写真を撮りすぎてバッテリーを消費し、救助が必要なときなど、いざというときに役に立たなくならないよう注意しよう。

メリット

- だれでもある程度きれいに撮れる
- その場でSNSにアップできる
- 山小屋で充電できることも

デメリット

- 本体のバッテリーを消費する
- 画角（写る範囲）が狭いといった制約が多い

手軽に撮りたい人に
コンパクトデジタルカメラ

小さくてポケットなどに入れて持ち運びしやすく、美しい風景に出合ったときにさっと取り出して手軽に撮れるのがメリット。機種によっては、防水や対ショックのモデルもあり、悪天や過酷な山の環境でも安心して使える。また「風景」や「夕景」など、シチュエーション別のモードも充実。

メリット

- 小さくて持ち運びやすい
- 防水や衝撃に強いモデルも
- 山を撮るためのモードがある機種も

デメリット

- タイムラグがある
- 思った通りの絵が撮りにくい

TRIVIA 【山の映画7】ガストン・レビュファ（1921-1985年、仏・登山家、ガイド、作家、映画監督としても活躍）は、映画『星と嵐』（1955年公開）、『天と地の間に』（1961年公開）の2作品で国際山岳探検映画祭グランプリを受賞。

より美しく撮るための山の撮影テクニック

よい写真を撮るコツは、漠然と撮るのではなく、自分の撮りたい絵を意識してシャッターを切ること。感動的な写真を撮るためのポイントをいくつか紹介します。

山では、天気に恵まれれば、だれでもある程度よい写真が撮れます。しかし、さらに一歩踏み込めば、ワンランク上の美しい写真を撮ることができます。写真の基本となるのは「構図」と「光」。この2点を意識して撮るだけで、格段によい写真が撮れるはずです。

まず構図ですが、撮りたいものをつい真ん中に置いて撮っていませんか? これを画面の⅓を目安にずらしてみましょう。

次に光。よい写真の第一は全体に光が行き届いていることです。となると、太陽を自分の背にして順光で撮るのが基本。しかし、すべてそれだと、のっぺりした平凡な写真ばかりになってしまいます。ときには、あえて逆光で撮ってみましょう。

被写体によって絞りを変える

さらに一歩進んで、絞り(被写界深度)を意識してもいいかもしれません。被写界深度とは、カメラのピントが合っている範囲のこと。動物や花などを撮るときは、被写界深度を浅くする(f値を小さくする)ことで、背景がボケて視点がはっきりしたよい写真が撮れます。逆に山の全景などは、被写界深度を深くする(f値を大きくする)ことで、全体にピントが合った美しい写真が撮れます。

撮影モードを活用してみよう

いつも「プログラム」または「オート」モードで撮影していませんか? ある程度の性能のカメラであれば撮影モードが搭載されているので、ぜひ活用してみましょう。おすすめはA(絞り優先オート)。絞り値を自分で設定すれば、シャッタースピードはカメラが自動で設定してくれるモードです。背景をぼかしたり、全体に焦点を合わせたり、自分の撮りたい絵を能動的に撮影できます。コンデジや入門者向け一眼レフなどであれば、風景、夕景、接写などのモードもあるので、それらを試してみるのもよいでしょう。

column

TRIVIA 【山の映画8】『山』(1956年公開)。スイスのアルプスが舞台。墜落した旅客機の救助に向かう兄弟のストーリー。美しい山岳風景や、手に汗を握るシーンが多い。主演はスペンサー・トレイシー。山岳映画の傑作。

ドラマチックな写真を撮るためのポイント

前景と背景

写真の手前に木や人を入れてみよう。前景と背景を意識した構図で撮ると、奥行きのある写真になる。

構図

被写体を、真ん中ではなく左右に少しずらしてみよう。画面の1/3くらいの位置に被写体を置いてみる。

時間

光が淡いとき、すなわち日の出と夕暮れのタイミングに、ドラマチックで印象的な写真が撮れることが多い。

視線の流れ

山の稜線やモノなど全体の構図を、S字を描くように配置してみよう。これも奥行きのある写真を撮るコツ。

マクロ

植物や動物を撮るときは、思い切って寄ってみよう。何を撮りたいのかがはっきりして、よい写真になる。

逆光

順光ばかりでなく、あえて逆光で撮ってみよう。紅葉や花を逆光で撮ると立体感のある写真に仕上がる。

シャッタースピードと露出補正

三脚を使わず手持ちで撮影する場合、シャッタースピードはできれば1/100以上、どんなに遅くとも1/60以上に。スピードが遅くなりすぎる場合は、感度を上げましょう。また露出補正は、暗すぎる場合はプラス（+）、明るすぎる場合はマイナス（−）に調整します。夕日や朝日、直射日光下で利用価値があります。

シルエット

夕日をバックに、あえて人物をシルエットにしてみると、おもしろい写真を撮ることができる。

TRIVIA 【山の映画9】『岳-ガク-』（2011年公開）は、漫画『岳 みんなの山』が原作の山岳ドラマ。主演の小栗旬は高所恐怖症だったが、山岳トレーニングを詰み、山梨県河口湖町の三ツ峠で150mの巨壁登りを達成した。

山を彩る生命と雄大な風景に感動！

生き物、自然を楽しむ

ガレ場に可憐な花を咲かせるコマクサや、ハイマツの茂みから
顔を出すライチョウ…。山は生き物たちの楽園です。
山でしか出合えない風景とともに、自然を満喫しましょう。

ときには足を止めて自然を観察してみよう

山歩きの魅力は、ひたすら頂上を目指すことだけではありません。ときには足を休めて、足元に咲く花や、茂みの中で息を潜める動物の姿を探してみましょう。

緑豊かな日本の山では、ライチョウやニホンカモシカといった天然記念物に出合えることもめずらしくありません。また、コマクサやイワカガミなど高山植物の宝庫でもあります。

ときには、さらに小さなコケの生態に注目してみてもおもしろいでしょう。そこに広がる小宇宙にきっと驚くはずです。

ただし、植物の採取や動物に無理に近付くのはNG。そっと見守るのがマナーです。

ライチョウは日本アルプスの高山帯で見られる

持っていくと便利な観察グッズ

双眼鏡 基本的に野生動物や野鳥は人間を恐れて、自ら近寄ってくることはない。離れたところからそっと観察させてもらおう。そんなときにあると便利なのが双眼鏡。倍率10倍くらいのものがおすすめ。

ルーペ 小さな昆虫や花などを観察するときに便利。ルーペを通して観察すると、そこには肉眼ではわからない深淵な世界が広がっている。特にコケを観察するときは必携だ。倍率は8～10倍がおすすめ。

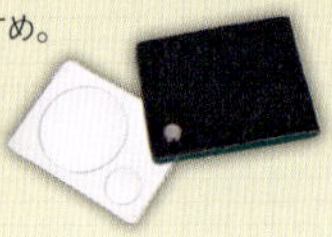

ポケット図鑑 きれいな花に出合ったら、何という名前なのか気になるのでは…。そんなときに持っていると重宝するのがハンディサイズの図鑑。事前に読んでおいて、載っている花を探してみるのもおもしろい。

『新ヤマケイポケットガイド　山の花』
（山と溪谷社）

TRIVIA 【山の映画10】『アイガー北壁』（2010年公開）。ドイツ人の初登頂者にオリンピックの金メダルが授与されることが決まり、二人の若者が挑戦したという実話に基づくストーリー。手に汗握る登攀シーンは迫力満点。

高山でよく見かける植物

ミヤマキンバイ

高さ ▶10cm
花期 ▶6〜8月

中部以北の高山に生息し、キンバイに似た黄色い花を咲かせることから、深山金梅（ミヤマキンバイ）の名が付けられた。バラ科の植物で、イチゴのような葉っぱの形が特徴。

チングルマ

高さ ▶10〜15cm
花期 ▶6〜8月

中部以北の高山に生息。雪渓近くなど湿った草原に群生し、3cmくらいの白い花を付ける。名前の由来は、花が落ちた後に付ける実の形が稚児車（風車）に見えること。

コマクサ

高さ ▶10〜15cm
花期 ▶7〜8月

「高山植物の女王」と呼ばれ、可憐な薄紅色の花を付ける。北海道から本州中部に生息し、おもな群生地は北アルプスの白馬岳、燕岳《つばくろだけ》、蓮華岳など。

ヤマトリカブト

高さ ▶1〜1.5m
花期 ▶8〜10月

トリカブトは日本各地に生息しているが、中部〜東北の山地に生えているのがヤマトリカブト。3.5〜4.5cmの紫色の花を付ける。花は美しいが、有毒植物なので要注意。

ナナカマド

高さ ▶6〜10m
花期 ▶7月

北海道〜九州の山地に生息し、夏に小さな白い花を付ける。ナナカマドの見頃は秋。紅葉し、赤い小さな実をたくさん付ける。北アルプス・涸沢《からさわ》カールの紅葉などが有名。

イワカガミ

高さ ▶10〜15cm
花期 ▶4〜7月

北海道〜九州の低山から高山に生息し、一株に5〜10輪ほどの、かわいらしい薄紅色のギザギザの花を付ける。名前は、光沢のあるつやつやした丸い葉っぱに由来。

高山植物の採取は NG！

高山植物は、かつて氷河期に生息していたものが、生息環境を高い山へ移動して生き続けている貴重な植物。国立・国定公園では、自然公園法によって高山植物ほか指定植物の採取が禁じられている。

コケとキノコ

日本には約 1800 種類のコケが生息しており、そのうち八ヶ岳では 485 種類ものコケが確認されています。そこに広がるマクロの世界にも注目してみてください。また、木の幹や根っこからひょっこり顔を出すキノコも、ときに芸術的な姿を見せてくれます。食用かどうかを見分けるのは難しいので、観察だけにとどめておきましょう。

よく注意して見ると多種多様なキノコに気付く

TRIVIA 【山の映画11】『北壁に舞う』（1979年公開）。登山家・長谷川恒男がマッターホルン（4478m）、アイガー（3970m）に続きグランドジョラス（4208m）の世界三大北壁登攀に成功した快挙を描く感動ドキュメント。

山で出合う動物たち

ニホンザル

霊長目オナガザル科。本州・九州・四国の山岳部に生息する。灰褐色の体毛で覆われているが、顔や尻は裸で赤い。数十頭〜100頭ほどの群れをなす。果実を中心とした雑食。出合ったら十分に注意すること。

ニホンジカ

偶蹄目シカ科。日本各地に生息し、エゾシカ、ホンシュウジカ、キュウシュウジカなどの亜種がある。全体に茶色い体毛で覆われ、オスは枝分かれした角を持つ。繁殖力が強く、近年は害獣とされることも。

ニホンカモシカ

偶蹄目ウシ科。本州・九州・四国の亜高山を中心に生息し、体毛は褐色、灰色、白などで、10cmほどの小さな角が生えている。ブナやミズナラなどの広葉樹林帯で、樹皮や果実などを食べる。特別天然記念物。

オコジョ

ネコ目イタチ科。東北や中部地方の山岳地帯に生息する。成獣の大きさはオス18〜20cm、メス14〜17cm。毛色は通年で腹側が白色、尻尾の先が黒色。それ以外は夏毛が褐色、冬毛が白色。

ムササビ

リス科リス亜科ムササビ属。本州・九州・四国の山間部にのみ生息する日本の固有種。前足と後足の間にある飛膜を使ってグライダーのように滑空する。100m以上飛ぶことも。モモンガよりも大型。

ライチョウ

キジ目キジ科ライチョウ属。本州中部の高山帯の岩場やハイマツの茂みに生息する。夏は褐色、冬は白色の羽毛に生え替わる。国の特別天然記念物で、生息個体数は約3000羽と推測されている。

野生動物にエサをあげないで

軽い気持ちで野生動物にエサを与えることは、生態系を大きく変えてしまうことにつながります。実際、ライチョウの個体数が大きく減った事例も…。心ない登山客が与えてしまったエサや、キャンパーの捨てた残飯に味をしめたキツネが山に登ってきて、ライチョウを襲ったことが原因でした。近年、サルがライチョウを襲う姿も観察されています。

キャンプをする際は、残飯やゴミを残さないように注意

TRIVIA 【山のテレビ1】『実践！にっぽん百名山』（NHK BS1、毎週土曜17時）。2012年にスタートし、中高年や30〜40代女性から支持されている息の長い番組。登山コース図の見せ方にも工夫がある。

自然が生み出す芸術

ご来光

山の頂上からぜひ見てみたいのがご来光。特に富士山の山頂からのご来光が有名だ。日本古来の山岳信仰においても、ご来光は神聖なものとされてきた。

虹

太陽の光が雨粒に反射して現れる虹。山で出合えると何だかより幸せな気持ちになれるから不思議だ。

雲海

雲が海のように広がり、山の峰がまるで島のように顔をのぞかせる雲海。こんな景色も山ならでは。春や秋の風のない早朝に観測されることが多い。

コケの小宇宙

もしマクロレンズがあるのなら挑戦してもらいたいのが、コケの撮影。カメラを通して見るコケの世界は、肉眼よりもはるかに美しい。

ブロッケン現象

太陽の光を背に受けたときに、その光が雲や霧に反射して影と一緒に虹の輪が現れる現象。霧がかった日の山頂でときどき見られる。

紅葉

秋山の風物詩は何といっても紅葉。赤く染まる代表的な木はモミジやナナカマドなど。シラカバが多い山は鮮やかな黄色に染まる。

冬山ならではの魅力を堪能！

冬の山歩きを楽しむ

「冬にも山歩きをしてみたいけれど、ちょっと心配…」

そんな人もいるでしょう。冬山は焦らずゆっくりが基本。

必要な装備を用意し、魅力あふれる冬山に出かけましょう。

まずは低山・日帰りで

澄み切って張り詰めた空気と真っ青な空。真っ白な雪を被った山並み…。冬の山歩きには、夏山とは違った魅力がたくさん。登山客が少なく、静かに登れるのもポイントです。

しかし、冬山にはときに生命に関わるほどのリスクがともないます。初心者がいきなり雪山に挑戦するのは避け、まずは自分が登ったことがある低山に出かけてみてはいかがでしょうか。標高1000mクラスの雪があまり積もらない山。関東なら奥多摩や丹沢あたりがよいでしょう。時期は、比較的天候が安定している1～2月がおすすめです。無理のないコース設定をして、日が沈まないうちに下山できるようにしましょう。

まずは冬の低山ハイキングから

保温力のあるアイテムを夏山の装備に追加

装備はほかの季節のものが流用できます。追加するのは保温力のある服と手袋。アウターレイヤーにはレインジャケット、ミドルレイヤーに軽いダウンかフリース、ベースレイヤーには化学繊維やメリノウールの長袖シャツがおすすめです。温度差が大きいので、天気や気温により適度に着脱して体温調節しましょう。また、場合によっては軽アイゼン（→P.119）を用意します。

空の青と雪の白の美しいコントラストも冬山ならでは

冬の山歩きの注意点

日照時間が短い

冬なので当然日照時間が短くなる。早発早着が山歩きの基本だが、冬山の場合はさらに余裕をもつこと。万が一日が暮れてしまってビバーク（野営）することになると、生命の危険にさらされる。

時間がかかる

行動には夏山の1.5～2倍くらいかかると想定したほうがよい。登山道が雪で隠れてしまい、ルートを見つけるのが難しくなる場合もある。自信がない人は明確な登山道のないルートは避けること。

万が一の雪崩と滑落

雪があるかぎり雪崩発生のリスクはある。1～3月は大量の降雪や積雪内の雪の変化、4月以降の残雪期は温度上昇による雪の融解が原因となる。足を滑らせて滑落する危険性も高まるので、十分に注意して雪山を楽しもう。

体感温度の変化

冬山といっても穏やかな天気だとTシャツで十分なほど温かい。しかし悪天になると体は急速に冷やされる。雪・雨・汗の濡れによる体の冷え、風による体感温度の低下にも気を付けたい。体感温度は風速1mで約1℃下がる。

雪原をスノーハイキング

冬山はちょっと不安…と尻込みしている人には、スノーシューをはいて雪原を歩くスノーハイキングがおすすめ。スキーのように滑走するわけではないので、マイペースで楽しめます。とはいえ、冬山のリスクがないわけではありません。専門のガイドと一緒に行くツアーなら安心です。

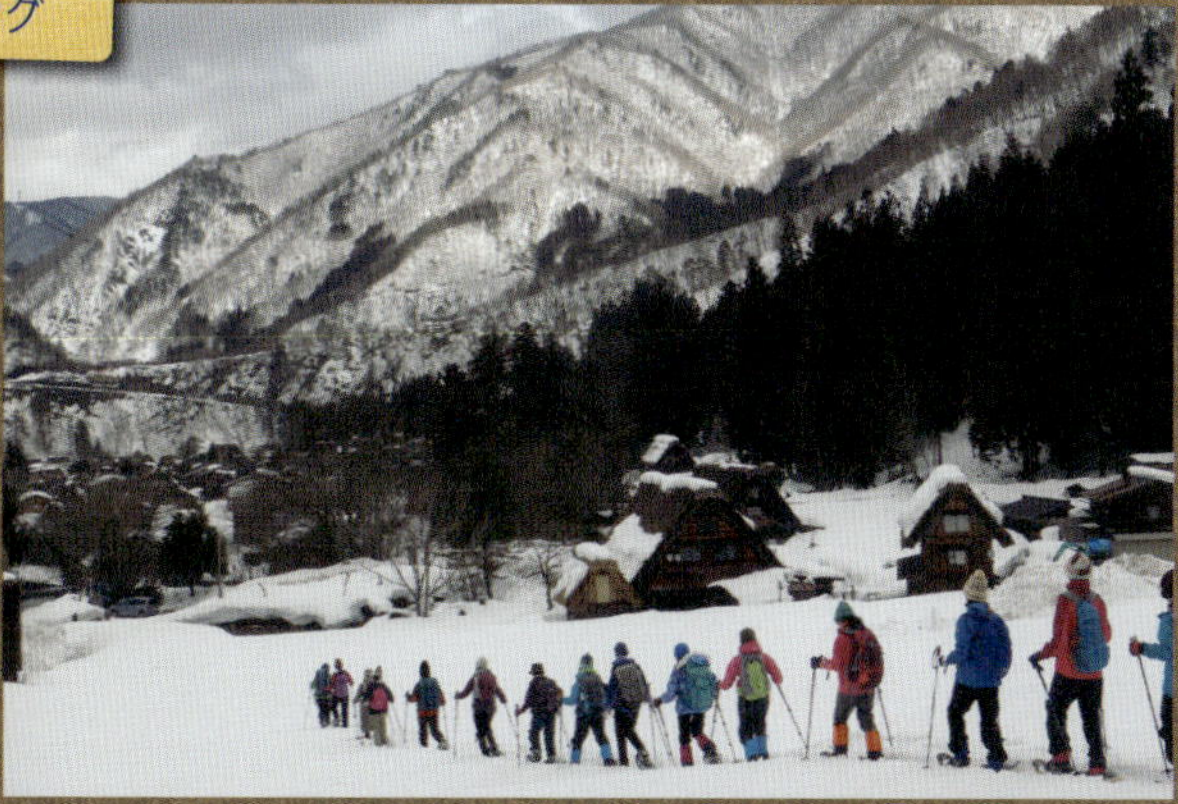

好日山荘「おとな女子登山部」のスノーハイキングツアー

column

TRIVIA 【山のテレビ2】『山女日記～女たちは頂を目指して～』(2016年 NHK BSプレミアム 全7回)。湊かなえ原作。登山ガイドに転職した主人公(工藤夕貴)が、さまざまな悩みを抱えた登山客をガイドする。2017年に続編。

おとな女子登山部

お気に入りの山小屋

居心地のよい快適な山小屋での宿泊は、山歩きの楽しみのひとつ。
おとな女子登山部のメンバーお気に入りの、
居心地のよい素敵な山小屋を紹介します！

御嶽《おんたけ》 五の池小屋［御嶽山］

住所▶岐阜県高山市神明町3-26-1
御嶽山 飛騨頂上
URL▶http://gonoike.jp/

夕暮れどきの五の池小屋

スカーレット

小屋番さんをはじめ、
とにかく人が温かい！
薪ストーブで焼く
ピザ（夜限定）が有名ですが、
こだわりの生ビール、
ワイン、日本酒も
ポイントです。

このストーブでピザを焼いてくれます

2000 年にオープンした比較的新しい山小屋

西穂《にしほ》山荘［西穂高岳］

住所▶岐阜県高山市奥飛騨温泉郷神坂字獄715
URL▶http://www.nishiho.com/

奥穂高岳へと縦走する登山者がたくさん訪れる

北アルプス南部で
唯一通年営業している
山小屋。ちょっと背伸びした
山登りをしてみたい！
北アルプスを感じたい！
という人は、西穂山荘に
泊まるだけで満足
できますよ。

なみ〜

地酒「大雪渓」
も楽しみ

富《ふ》士《じ》見《み》平《だいら》小屋［金峰山など］

住所 ▶ 山梨県北杜市須玉町小尾
URL ▶ http://www.fujimidairagoya.jp/

登山口から約 50 分と好アクセス

別名ランプ小屋

まるで外国のおしゃれな
バーのような食堂で、
季節限定の手作りジビエ料理や
ワインがいただけます！
食事のためだけに来る
お客さんもいるとか。

あやや

黒百合ヒュッテ［北八ヶ岳］

住所 ▶ 長野県茅野市宮川8065-1
URL ▶ http://www.kuroyurihyutte.com/

くみんちゅ

冬に天狗岳へ
行った際に寄りました。
標高2400mで本格的な
ビーフシチューが味わえます！
コケモモのカップケーキも
美味しいと評判なので、
次はそれを食べに
行きたいです。

天狗岳の登山基地として利用される

名物のビーフシチュー

五竜山荘［五竜岳・白岳］

住所 ▶ 富山県黒部市宇奈月町舟見明日音澤
URL ▶ http://www.hakuba-sanso.co.jp/goryusanso/

晴れた日には
ベンチでお茶を

るんちゃん

五竜岳の目の前に
建っているので、
山荘前のベンチで迫力ある五竜岳を
眺めることができます！
「山が好き酒が好き」という
文言入りのグッズが
豊富な点も、
ポイント高し♪

夕食のカレーはボリューム満点

山歩き用語集

あ行

アイスバーン
寒冷期に山の斜面や登山道で、水や雪が凍結して氷の板のようになっている部分。スキー場などでも見られる。

アイゼン
登山靴の底に装着する鉄合金製の10本程度の爪を持つ道具。雪道などを歩く際に使う。夏山の雪渓で4本や6本の爪が付いた軽アイゼン（→P119）を使うことも。

アウターレイヤー
降雨・強風・寒冷時の登山行動を可能にする、防風・防水性を備えた一番外側に着るウェア。（→P44）

アタック
困難なルートに挑むこと。頂上に向けて出発すること。

雨蓋《あまぶた》
バックパックの上部を覆うカバー。立体的に縫製され、収納スペースが設けられているものが多い。（→P87）

アルファ米
米をあらかじめ水と熱で消化できる状態にして（アルファ化）、乾燥させたもの。調理時間が短縮できる、または加熱せずに調理できることから、非常食や行動食として利用される。（→P160）

鞍部《あんぶ》
尾根上でピークとピークに挟まれた地点。「コル」ともいう。稜線上では最も低い位置になる。

石突《いしづき》
ストックやピッケルなどの、地面を突く部分。あるいは、そこにはめた補強具のこと。（→P121）

岩場
岩の上ばかりを歩く道のこと。険しい場所には鎖やはしごが設置されていることもある。（→P117）

インサレーションウェア
ダウンや化学繊維が入った薄手のウェアで、防寒・保温に優れている。（→P49）

インソール
靴の中に入れる敷物。疲労軽減、靴擦れ防止、衝撃吸収、サイズ調整、保温性向上、防臭・抗菌などの役割がある。（→P83）

ウール
羊毛素材を指す。水分吸収が少なく、登山ウェアの素材として適している。特にメリノ種の羊からとれる「メリノウール」は最高品質だとされる。（→P48）

右岸・左岸
谷や沢で上流から下流を見た場合、右側の岸を右岸、左側を左岸という。

浮石
不安定な状態にある石。体重をかけると動く可能性が高く、バランスを崩したり、落石を引き起こす原因になるので注意。

雲海
山頂など高いところにいるときに雲が下に見えることがあるが、特に、雲があたり一面を覆い、海のように見える状態のときを指す。（→P181）

エスケープルート
トラブルが起きたときなどのために、本来の予定ルートとは異なる、より安全なルートとしてあらかじめ設定するもの。

エマージェンシーシート
緊急時に使う極薄シート。たたむと手の平に収まるくらいの大きさになる。ビバーク（野営）などで毛布のように体に巻き付けると体温の低下を防ぐことができる。（→P100）

尾根
山の頂上から連なる、周囲より高い部分の線を指す。山頂から連なる主尾根から枝分かれする支尾根もある。

お花摘み
登山中に女性が大小便をする隠語として使われることがある。

か行

カール
氷河がもつ圧力によって岩盤が削られてできるU字状の地形。日本アルプスの山陵直下には、宝剣岳の千畳敷カール（写真）や立山の山崎カールなど、多くのカールがある。

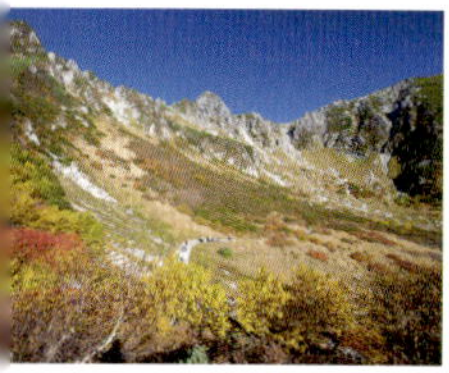

海抜
海面の平均値を基準に測った高さ。日本国土の基準点は東京都千代田区にある。基準点を基点に測った高さを標高という。

ガスカートリッジ
携帯性に優れた金属容器に、高い圧力で液体化した可燃ガスが入ったもの。バーナーにつないで使う。ノーマル、寒冷地用などの区別がある。（→P159）

肩
山頂近くで、尾根が平坦なところ。

滑落《かつらく》
足を踏みはずしたり、誤ってバランスを崩したりして、急斜面を滑り落ちること。事故につながる危険性が高い。（→P132）

カラビナ
金属製の環で任意に開閉できるもの。クライミングや高所作業などで用い、ロープなどを連結するのに利用する。登山で使う際には強度と安全性が高いものを正しく使う必要がある。

ガレ場
斜面に石や岩が堆積しているところ。歩きにくく落石の危険性も高いので注意が必要。（→P116）

乾燥室
衣類などを乾燥させるために熱空気を通すなどの装置をした部屋。濡れたウェアや靴を乾かせるように、山小屋に設けら

れていることがある。（→P170）

観天望気
数時間後に起きるであろう天気変化を、雲や風向き、気温や湿度とその変化、太陽光線の様子、生物の行動などから予測すること。

キジ打ち
登山中、屋外で大小便をする隠語として使われることがある。後ろ姿がキジ打ち猟に似ていることから名付けられた。

キャンプ
テントを張り、自炊して泊まること。または、ヒマラヤ登山などのように長期間にわたって頂上を目指す場合、その行程を分割してベースキャンプとして設けるキャンプ地のこと。

急登《きゅうと》
標高差が大きく、急傾斜が続く登山道。

切戸（キレット）
稜線上でV字状に鋭く険しく切れ落ち込んだ一帯。北アルプス穂高連峰の大キレット（写真）が有名。

鎖場
登山道や岩場の危険な箇所で、登山者がつかまれるように鎖が張られた箇所。鎖はあくまで補助として用いる。（→P118）

クラック
ロッククライミングにおいて、登攀《とうはん》の手がかりとなる岩の割れ目。

軽アイゼン
夏山の雪渓や雪山ハイキングなどで滑り止めとして使う、4本爪か6本爪のアイゼン。低山では、アイゼンより短い爪が10ほど網状のチェーンになって付いたチェーンアイゼン（チェーンスパイク）が便利。（→P119）

ゲイター（スパッツ）
登山靴と足首部分を覆い、雨雪や小石、砂などが登山靴に入るのを防ぐもの。保温性が向上する効果もある。（→P65）

ケルン
山頂や登山道、分岐点、渡渉点《としょう》などを表すため、小石を円錐形（三角形）に積んだもの。以前は道標として使われていた。過去に大きな遭難があった場所に行かないよう、目印として積まれるものもある。

ゴアテックス
防水と透湿を兼ね備えた素材。雨具をはじめとするアウターレイヤーで使われることが多い。W.L.ゴア&アソシエイツ社が提供している。（→P44）

高山植物
森林限界より上の高山帯に生育する植物の総称。生態系を守るため、保護活動が積極的に行われている。（→P179）

高山病
標高2000m超の低圧・低酸素環境下で起きる疾患。頭痛、吐き気、眠気、めまいのほか、手足や顔がむくんでくる。重症化すると脳浮腫や肺水腫を起こし、死に至ることも。（→P135）

行動食
歩行時や休憩時に食べる食料。行動中のエネルギーを保持するために、高カロリーのものを少しずつ食べるのが望ましいとされている。（→P128）

高度計
高度を計測する機器で、地図・コンパスと併用して現在地を知ることができる。

●合目
山頂を十合目として、そこに至る道筋を順に一合目、二合目と称す。必ずしも等間隔ではない。

コース
登山道として示された道。ひとつの山に複数のコースがある場合も。（→P22）

コースタイム
そのコースで登山する際に想定される時間。コースの難易度や距離、メンバー構成によっても変わる。登山地図に目安時間が書かれていて参考になる。（→P25）

コッヘル
登山やキャンプで使う食器、調理器具。軽くて持ち運びやすい形状になっている。（→P159）

ご来光
山頂などから見える日の出。山岳信仰の意味合いを持つこともある。（→P181）

コンパス
N極とS極を持つ磁針と地球磁場を利用した磁北を示す道具。位置を知るために使う。（→P25、95）

さ行

サポートタイツ
関節や筋肉の負担を軽減するタイツ。ランニングなどでも使われる。（→P60）

ザレ場
細かい石や砂れきで覆われた斜面。（→P117）

沢
尾根と尾根の間の水が流れるところ。

沢登り
沢や谷を上流に向かって登る登山スタイル。登山道ではないところが多いので、基本的なクライミング技術があることが望ましい。

山岳ガイド
登山道をはじめ、山に関するガイドを行う人のこと。国家資格ではないが、公益社団法人日本山岳ガイド協会などが資格発行・認定を行っている。（→P32）

三角点
正確な位置を求める測量を行うために、国土地理院がつくった位置の基準となる点。標石が地面に埋め込まれている。

山岳保険
万が一遭難したときを考え、事前に入っておくことが望ましい登山時の保険。年間契約、単発契約のいずれかが選べる場合が多い。（→P34）

三点支持
両手両足のうち3か所は固定し、1か所だけを動かすことを指す。岩場などの難所では、安全確保のため三点支持で動くことが原則。（→P117）

GPS
全地球無線測位システム。人工衛星を利用して位置（緯度・経度）を正確に求めるシステムのこと。登山・アウトドア用のコンパクトなものもある。（→P96）

シェラカップ
調理器具やカップ、皿として使える軽量の金属製カップ。簡便に調理するときなどに重宝する。（→P159）

シェル
「身を包む殻（外壁）」という意味。素材や用途により、アウターシェル、ソフトシェル、ウインドシェルなどが。（→P44）

シャリバテ
空腹で血糖値が下がって体を上手に制御できなくなり、あたかもバテたような状態になること。回復には糖質摂取がよい。（→P126）

縦走
山頂まで上がったら尾根をたどって複数の山頂を踏破していくこと。（→P22）

シュラフ
キャンプで就寝時に使う寝袋。

森林限界《しんりんげんかい》
地質条件（岩塊が多いなど）により樹木が生育できないライン。本州ではハイマツ（樹木）帯が森林限界とほぼ一致する。

スタッフバッグ
バックパックに荷物を詰めるときに、小分けにして取り出しやすくするための袋。防水性もある。（→P103）

ストック（トレッキングポール）
登山の歩行中に体のバランスをとったり足への負担を軽減したりするなど、サポートに使う杖。（→P91、120）

スノーシュー
雪上を歩きやすくする道具。なだらかな雪上トレッキングなどに向く。（→P183）

雪渓
高山などの山岳地帯において、大量の雪が風下側や谷に積もったりして、夏まで溶けずに残っているところ。（→P119）

雪庇《せっぴ》
雪が強風によって運ばれ、風下側に吹きたまった積雪を指す。

セルフレスキュー
危急時に自分自身で対応して安全を確保すること。いざというときを考え、非常食やファーストエイドキットなどは必ず持参する。対義語は、第三者（警察・消防など）による対応である「チームレスキュー」。

双耳峰《そうじほう》
頂上がほぼ同じ標高で2つの耳のように並んでいる山のこと。鹿島槍ヶ岳の南峰と北峰などが挙げられる。

遭難
山や海などで災難に遭うこと。生死に関わるような状況に対して使う。（→P34）

た行

タープ
日差しや雨を防ぐための屋根のような布。ポールを立てて用いる。平地でキャンプをするときなどに便利。

体感温度
風や湿度などの条件により肌で感じる温度。たとえば風が吹き付けると実際の温度より寒く感じることが多い。（→P20）

滝
川などに段差ができ、流水が急に落下しているところ。国土地理院の地図では高さ約5m以上のものに記号が付いている。

谷
尾根や山脈に挟まれた、周囲より低く水が流れるところ。地形図ではピークから見て凹状になっている地帯を指す。

地形図
国土を測量し、土地の高低や起伏、水系などを書き込んだ縮尺地図。登山では国土地理院の2万5千分1地形図を使うことが多い。（→P24）

チタン
強度が高く軽いため、航空機から登山用品まで広く普及してきた金属。食器や装身具などによく用いられている。

着圧（コンプレッション）タイツ
ほどよい圧力をかけることで、疲労軽減やむくみ防止に役立つタイツ。（→P60）

ツエルト
緊急時に野宿できるような簡易のテント。コンパクトになるので非常用に持参する。いざというときには体に巻き付けるだけでも保温・風よけになる。（→P100）

出合
沢と沢が出合う合流地点。登山道と登山道が合流する地点。

低体温症
外気温にかかわらず、体の深部体温が2℃程度下がることで起きる。登山では、衣服を濡らし風に吹かれることで急激に体温が奪われる場合に多く発症し、命の危険が生じる可能性がある。（→P136）

テーピング
ケガをしやすい部位の予防、または捻挫などのケガをした後の安静や負担軽減に、テープなどで補強するもの。（→P137）

鉄砲水
短時間の強い雨などにより谷川の水位が急上昇し、水流が堰を切ったように押し出されること。土石流や都市河川の急激な増水を指すこともある。

デポ
頂上に向かう場合、不要な装備・食料などをテントや山小屋に置いていくこと。あるいは、長期の雪山登山で前もって山小屋などに食料を保管しておくこと。

テント場
テントを張れる場所。多くは炊事用の水場やトイレ施設が整備されている。

等高線
地図上で実際の地形を表現するために、標高を一定間隔で水平面で切ったときに現れる曲線。等高線の間隔密度から、斜面の傾斜や尾根・谷がわかる。（→P25）

凍傷
極寒状態で手足指などの末端部や顔面、耳、鼻、頬などに発生する皮膚の障害。

独立峰
ほかの山と連ならず、単独でそびえる山。

登山口
登山ルートの入り口となるところ。複数のルートがある山には複数の登山口がある。（→P26）

登山靴
山道を歩くのに適した靴。（→P80）

登山計画書（登山届）
登山者の氏名や連絡先と予定などを書く用紙。遭難の際の情報となる。多くの山では登山口に用紙を入れるポストが設けられている。（→P30）

登山地図
登山ルートや小屋、水場などの情報が書き込まれた登山専用の地図。昭文社発行『山と高原地図』などがある。（→P24）

登山ツアー
旅行会社などが企画・主催する山登りのツアー。初心者向けのものも多く開催されている。（→P32）

渡渉《としょう》
登山ルート上に出てくる沢や谷を横断すること。また水の中を濡れて渡ること。ルート変化も大きく、的確な状況判断が要求される。（→P119）

トラバース
山の斜面をほぼ水平に移動すること。ピークに登らずに山腹を巻くこと。また、雪渓を横断すること。（→P119）

トレイル
舗装されていない登山道、自然歩道など、自然に親しめる道。そこを走ることをトレイルランニングという。

トレッキング
山歩きを楽しむ目的の山行。登頂を目指すとは限らず、渓流や山麓を歩く場合もある。（→P18）

な行

ナイフリッジ
左右がナイフの刃のように切れ落ちた尾根、岩稜・雪稜。

雪崩《なだれ》
傾斜のある斜面に積もった雪が、重力の作用によって一気に下り落ちる現象。雪崩の起きやすい地形や、降雪直後に人為的な刺激でも発生することがある。

夏山
四季のある日本の山岳において、おもに6～8月の山をいう。特に北アルプスでは最も登山者が多い時期である。

日本百名山
作家の深田久弥が独自の基準で選んだ百山。１５００ｍ以上、山の品格、文学に取り上げられている、地域に愛されていることなどが基準だとされる。

熱中症
強い日差しや高温多湿な環境に体が適応できず、めまいやけいれん、水分補給ができないなど、さまざまな症状が出ること。悪化すると危険が高まる。（→P136）

捻挫
関節をくじくこと。ひねり方によっては靭帯を痛めることもある。（→P139）

濃霧
見通しがほとんどきかない濃い霧。（→P133）

は行

パーティー
リーダーのもとで統率された登山行動中の集団。一緒に山登りを行う仲間やグループのこと。（→P112）

バーナー（ストーブ）
（携帯用）コンロの燃焼機構部分。最近のガスカートリッジ直結の小型タイプでは、バーナーとコンロはあまり区別されずに用いられることも多い。（→P159）

ハーネス
登山などで着用する、特殊な用具の付いた衣類。クライミングや高所作業で使用される安全帯。

廃道《はいどう》
崩壊が激しかったり、利用者が少なくなったりしたために、荒れて通行が困難になった登山道のこと。

ハイドレーション（システム）
軽量で柔軟性がある樹脂素材でできた水

筒本体をバックパック内の背面側に収納し、そこから引き出されたチューブによって、行動中にバックパックを下ろさずに水分補給できるしくみ。（→P94、127）

パッキング
荷物を詰めること。隙間なくバランスよく詰めるとよい。（→P102）

バックパック（ザック）
リュックサックと同義で、背負って使うもの。登山時は原則両手を空けるため、必要なものはすべて詰めて背負うことになる。（→P86）

はしご
山道で、急な岩場などに設置されていることがある。両手でしっかりと持ち、ひとりずつ順に使うようにする。（→P117）

ピーク
山の最も高い部分。頂上や、ほかより突出して高い場所を指す。

ピークハント
山頂を踏むことに重きを置いた登山。

非常食
天気急変やトラブルなどで予定より長く山に滞在する場合に備えて準備する食料。高カロリーで持ち運びしやすいものが向いている。（→P129）

ピストン
同じルートを往復するやり方を指す。

ピッケル（アックス）
雪山で安全を確保するために手に持ち、雪面に突き刺して杖のように使う道具。

避難小屋
緊急事態に雨風をよけられるように避難するための小屋。通常時に使える小屋もある。（→P168）

ビバーク（野営）
緊急時などに予定宿泊地ではない場所で泊まること。ツェルトなどの簡易装備でしのぐ。（→P140）

標高
基準となる海面を0mとし、そこからの高さを表したもの。（→P18）

標高差
登山口と山頂の高度差。傾斜の緩急ともいえる。標高差が大きいと同じ距離でも上下移動がより大変となる。（→P19）

ファーストエイドキット
応急処置に使う救急セット。（→P100、137）

冬山
冬期登山の対象となる山。そのうち雪がある山に登ることを雪山登山ともいう。（→P182）

フリーズドライ食品
水やお湯を加えるだけで食べられるように加工したもの。荷物の軽量化に役立つ。（→P158）

ブロッケン現象
太陽光が後ろから差して、自分の影の周りに虹のような輪が現れること。（→P181）

分岐《ぶんき》
道が分かれるところ。向かう方向を間違えないようにする。

ベースキャンプ
ヒマラヤ登山や集中登山において、活動拠点となるキャンプ地。

ベースレイヤー
肌に直接触れる、一番下に着る衣類。吸水拡散性と速乾性のある素材が適している。ファーストレイヤーと同義。（→P52）

ヘッドランプ
ベルトで頭部に取り付ける電池式のライト。現在はLEDを利用した軽量高輝度のものが主流となっている。（→P95）

歩荷《ぼっか》
山の上に物を運ぶこと、またはそれを行う人。登山の訓練で、あえて重い荷物を持って歩くことを指す場合もある。

ボルダリング
岩を登るスポーツの一種で、ロープやハーネスは使わずに行うもの。ボルダリング設備を持った屋内施設もある。

ホワイトアウト
雪上において濃いガスや地吹雪に包まれた状態で、平衡感覚、方向感覚が乱れた状態をいう。

ま行

巻《ま》き道《みち》
危険な道や急登《きゅうと》箇所を避けて、別の迂回路をとること。

水場
水がくめる場所。飲める水ではないところもあるので確認が必要。（→P25）

道迷《みちまよ》い
正規の登山道からはずれてしまい、道に迷ってしまうこと。（→P132、140）

ミドルレイヤー
温度調節・保温が目的のシャツやフリースなどの服。アウターレイヤーとベースレイヤーの中間に着る。（→P48）

木道《もくどう》
湿地帯などで、丸太や板を組んでつくられた道。歩きやすさのほか、植生保護も目的としている。

や行

藪漕《やぶこ》ぎ
篠竹、根曲り竹、シャクナゲ、ハイマツなどをかき分けて歩くこと。地面に足がつかずに、船を漕ぐような登り（歩き）方。

山ウエア
登山用の衣服。各レイヤーを重ね着して組み合わせるのが基本。（→P40）

山小屋
登山者の宿泊や休憩、避難のために建てられた小屋。無人と有人がある。（→P168）

山シャツ
ウールやウール混紡の生地からできた襟付き・長袖のシャツ。外傷、虫、かぶれ、日焼けなどから皮膚を守る。（↓P48）

山スカート
近年、女性登山者のファッションとして広まった登山で着るスカート。（↓P56）

山開き
信仰の山において一般の人に御神体である山を開放すること。新緑の春に、登山シーズンの幕開けと安全登山を祈願する行事として行われる場合も多い。

ら行

ライトウエイト
長時間歩く、また時間短縮や負担軽減のために、できるだけ荷物を軽くすること。

落石《らくせき》
上方より落下してくる岩石。自然崩壊だけでなく人為的に発生する場合がある。登山中に遭遇したら「ラーク！」と叫んで注意喚起する。（↓P141）

ラッセル
おもに雪山登山で深い雪をかき分けていく行為。

ランタン
ガス、ガソリンなどを燃料にして、燃焼による高熱でマントルを発光させる携帯用灯火。

リーダー
登山パーティーの行動に関して、強い権限や決定権を持つ代表者・責任者のこと。（↓P112）

稜線《りょうせん》
頂上から頂上を結ぶ尾根。頂上と平地を結ぶ尾根を「主稜」という。（↓P43）

林道《りんどう》
森林整備などのために設けられた道。林道から登山道に通じることも多い。

ルート
経路。登山道。ロッククライミングで登《とう》攀《はん》の開始点から終了点までを指すことも。

ルートファインディング
自分の知識や感覚、地図やコンパスなどの情報をもとに、安全なルート・コースを的確に見つけ出すこと。

レイヤリング
アウター、ミドル、ベースなどのウェアを層（レイヤー）ととらえ、外的要因（気温・雨風・湿度）と運動負荷に応じて調整すること。（↓P41）

レインウェア（雨具）
雨天・荒天時に雨風をよけるために着用する衣服。登山では天気がよくても必ず持参すること。（↓P44、63）

ロープ
クライミングロープ。あるいは、険しい登山道に歩行補助として設置されているものを指すこともある。

制作協力 ※順不同

株式会社好日山荘
株式会社燕山荘
有限会社北八ヶ岳八千穂高原モンブラン／白駒荘
株式会社 spinlab

協力店

好日山荘 池袋西口店

住所 東京都豊島区西池袋３丁目27-12
池袋ウエストパークビル1・2階
TEL 03-5958-4315
営業時間 11:00〜21:00

おもな参考文献・ウェブサイト

『一歩ずつの山歩き入門　山に憧れるすべての女性へ』（四角友里 著、枻出版社）
『楽しい！ 日帰り山歩き入門』（神崎忠男 監修、主婦と生活社）
『はじめてでも安心！ ゆっくりたのしむ山歩き』（古谷聡紀 著、永岡書店）
『はじめよう！ 山歩きレッスンブック』（柏澄子・大武美緒子 著、JTBパブリッシング）
好日山荘 https://www.kojitusanso.jp
日本山岳会 http://www.jac.or.jp
日本山岳・スポーツクライミング協会 https://www.jma-sangaku.or.jp
ヤマケイオンライン https://www.yamakei-online.com

監修者

好日山荘《こうじつさんそう》 おとな女子《じょし》登《と》山《ざん》部《ぶ》

山を真剣に楽しみ、常に次の山へ挑戦する心を忘れず、お客様にもっと山を好きになってもらうことをモットーに、山登りが大好きな好日山荘の女性スタッフによって結成された登山部。登山アイテムの紹介にとどまらず、山情報や登山レポート、美味しい山ごはんの提案など、山に登ることの楽しさをホームページやSNSで発信。女性向けを中心に全国各地で登山ツアーや登山教室も開催しており、人気を博している。新入部員募集中。

編集協力／小島まき子、蒲谷大介
（株式会社アーク・コミュニケーションズ）
陶木友治、長沼明子、松岡宏大
写真撮影／松岡宏大、清水亮一、田村裕未
イラスト／タカヤマチグサ
校正／株式会社円水社
本文デザイン／川尻裕美（有限会社エルグ）
編集担当／斉藤正幸（ナツメ出版企画株式会社）

これからはじめる
山《やま》歩《ある》き

2018年6月５日　初版発行
2018年8月20日　第２刷発行

監修者　好日山荘《こうじつさんそう》 おとな女子《じょし》登《と》山《ざん》部《ぶ》　Otonajoshi Tozanbu, 2018
発行者　田村正隆
発行所　株式会社ナツメ社
東京都千代田区神田神保町1-52
ナツメ社ビル1F（〒101-0051）
電話　03（3291）1257（代表）
FAX　03（3291）5761
振替　00130-1-58661
制　作　ナツメ出版企画株式会社
東京都千代田区神田神保町1-52
ナツメ社ビル3F（〒101-0051）
電話　03（3295）3921（代表）
印刷所　広研印刷株式会社

ISBN978-4-8163-6458-7　Printed in Japan

＜定価はカバーに表示してあります＞
＜乱丁・落丁本はお取り替えします＞

本書に関するお問い合わせは、上記、ナツメ出版企画株式会社までお願いいたします。